Michael Hoffmann

Lawinen Gefahr

Michael Hoffmann

Lawinen Gefahr

Risiken erkennen – Entscheidungen treffen

blv

Inhalt

Einleitung

Die neunziger Jahre haben im Bereich der Lawinenkunde für Wirbel gesorgt. Es wurde viel diskutiert. Altes wurde verworfen, Neues ausprobiert und zum Teil auch wieder verworfen. Die Tendenz war, Entscheidungen in einem hohen Maße vom Lawinenlagebericht abhängig zu machen. Die Fähigkeit, insbesondere hinsichtlich der aktuellen Verhältnisse eine eigene Meinung zu entwickeln, wurde vernachlässigt.

Es ist an der Zeit, diese Entwicklung kritisch unter die Lupe zu nehmen. Winterliches Bergsteigen ist ein Metier, das eigenverantwortliche Akteure erfordert. Der obrigkeitsgläubige Typus ist nicht gefragt. Es geht darum, eigene Entscheidungen zu treffen. Großartige Situationen zu erleben. Der Begriff »Freeriding« bringt diesen Gedanken auf einen bündigen Nenner. Freiheit und ein gewisses individuelles Ego stecken da drin.

Natürlich gibt es auch konventionellere Skibergsteiger. Wer Freeriding zu modern findet, sagt halt Tiefschneefahren. Die Motivationen bleiben. Selbstbestimmung ist nach wie vor eine davon. Der Grad der Modernität spielt in punkto Lawinen keine Rolle und ein Generationenkonflikt ist mir unter Natursportlern noch nicht begegnet.

Die existierenden Denkmodelle der Lawinenkunde sind auf ihre Praxistauglichkeit zu prüfen. Unbrauchbares muss ausgesondert werden. Die verbleibenden Vorstellungen gehören mit aktuellen Ideen verknüpft. Das vorliegende Buch beschreibt neue Sichtweisen zur Schneebrettauslösung sowie ein praxistaugliches Entscheidungskonzept. In Verbindung mit den bereits bestehenden Vorstellungen ergibt sich ein schlüssiges Bild. Phänomene, die bislang nur mit extremen Inhomogenitäten erklärt werden konnten, lassen sich plausibel einordnen.

Der Einsteiger wird sich bei der Lektüre wundern, dass hin und wieder viel Raum dafür verwendet wird, ziemlich unlogisch scheinende Aussagen zu widerlegen. Der Fortgeschrittene wird sich wundern, dass neben den bereits bekannten Grundlagen durchaus ungewohnte Zusammenhänge und Schlussfolgerungen postuliert werden. Und der Experte kann in wenigen Minuten sein eigenes Praxiswissen mit dem Inhalt dieses Buches abgleichen. Zeitsparend liest er nur die Tipps. Sollten sich unterschiedliche Vorstellungen ergeben, liefert der Text sachliche Begründungen.

»» Experten lesen zeitgemäß nur die Praxistipps.

Das Buch befasst sich mit Schneebrettern. Gefahren erkennen und Entscheidungen treffen, sind die zentralen Themenbereiche. Zunächst werden anhand zweier Beispiele etliche Fragen aufgeworfen. Danach folgen Schritt für Schritt wichtige Erkenntnisse, die erforderlichen Zusammenhänge und das erwähnte Entscheidungskonzept. Nicht behandelt sind die Anwendung von Verschüttetensuchgeräten oder anderen Ausrüstungsgegenständen. Ebenfalls nicht behandelt ist der gesamte Bereich der Bergrettung. Wer diesen Bereich vertiefen möchte, sei auf den Alpin-Lehrplan Band 4[1]) und auf Kurse unter professioneller Leitung verwiesen.

Wer Bücher gerne »von hinten nach vorne« liest, kommt voll auf seine Kosten. An Stellen, die Wissen voraussetzen, finden sich entsprechende Seitenverweise. Diese Querverbindungen machen es möglich, das vernetzte Gebäude der Lawinenkunde als linearen Text darzustellen.

Vernetzen ist auch die Devise in der Praxis. Wissen allein genügt nicht. Auf der Basis bestehenden Wissens gilt es abzuwägen, welche Effekte jeweils von Bedeutung sind und welche nicht. Der gesunde Menschenverstand ist gefragt.

Möge die Synthese aus praxisrelevantem Wissen und aktueller Geländebeobachtung dazu führen, dass Sie das Thema Lawinen immer aus einer gewissen Distanz erleben dürfen.

1) Geyer, Pohl (1998)

Beispiele und Fragen

Piz Surgonda 1998

Am 24. März 1998 ereignete sich ein ziemlich unspektakulärer Lawinenabgang im Albula-Gebiet[1]). Während des Aufstiegs zum Piz Surgonda löste eine achtköpfige Gruppe ein Schneebrett aus. Alle Mitglieder wurden erfasst, aber nur eine Person verschüttet. Der Verschüttete konnte dank rascher Kameradenhilfe bereits nach etwa drei Minuten ausgegraben und unverletzt geborgen werden. Glück gehabt.

Aufstieg zum Piz Surgonda

Die vorliegende Bilddokumentation beschreibt das Ereignis folgendermaßen: »Die acht Personen der ersten Gruppe im Aufstieg. Im unmittelbaren Hintergrund ist der – aus der Ferne als flachwellig beurteilte – Lawinenhang zu erkennen. In Vorahnung der Lawinengefährdung kehrte die führende Person im Hang um (die Spur ist noch am rechten Bildrand zu erkennen) und versuchte nach einer Kehre den felsigen Bereich, wo sichtbar geringere Schneehöhen vorherrschten, zu erreichen. Kurz vor den Felsen wurde ein Schneebrett ausgelöst und die führende Person ca. 20 m mitgerissen und völlig verschüttet. Die restlichen Gruppenmitglieder wurden geringfügig von der Lawine erfasst. Die Anrisshöhe betrug zwischen 20 und 100 Zentimeter. Die Gleitschicht wird durch die verfestigte Altschneedecke dargestellt, in Teilbereichen hat die Bewegung bodennahe Schwimmschneeablagerungen erfasst.«

1) Valentin (1998)

Der nächste Hang (Mitte linkes Bild) wurde ausgelöst

Die Daten:
- Anrisshöhe: 0,2–1 m
- Anrissbreite: 50 m
- Gesamtlänge: 40 m
- Exposition: Ost
- Meereshöhe: 2760 m
- Hangneigung laut Karte: ca. 25°
- Hangneigung im Gelände: 36° (steilste Hangpartie)
- Lawinenwarnstufe: 2 (mäßige Gefahr)

► Seite 51
► Seite 83

Wer bislang keine Vorstellung von Lawinenkunde hat, nimmt einfach zur Kenntnis, dass dieser Unfall bei den damaligen Verhältnissen passiert ist. Auch der fortgeschrittene Lawinenkundler hat dies zur Kenntnis zu nehmen. Er wird allerdings ob der vorliegenden Daten nachdenklich. Hätte er selbst dieses Ereignis vorhergesehen?

In der Tat gab es keinerlei Grund, die Tour nicht so zu planen. Lawinenwarnstufe zwei ist die zweitniedrigste der fünf möglichen Stufen und die aus der Karte ersichtliche Geländesteilheit von rund 25° liegt voll im sicheren Bereich. Auch hinsichtlich der Routenwahl schien alles in Ordnung. Der Hang sieht auf den ersten Blick recht harmlos aus. Er ist zwar etwas eingeweht, dafür aber kleinräumig. Der Spurende hielt auf den abgewehten linken Rücken zu. Trotzdem ging das Brett ab.

► Seite 83

Über die Frage der Vorhersehbarkeit hinaus, gibt das Beispiel Surgonda weitere Rätsel auf.

► Seite 17/18

- Warum riss das Brett nicht entlang der Querungsspur, da doch offensichtlich der ganze Hang »angeschnitten« war?

► Seite 21

- Warum wurde das Brett erst ausgelöst, als der Spurende den Hang bereits fast durchquert hatte?

► Seite 40 ff.

- Wie kam es zu der Inhomogenität der Altschnee-Oberfläche (links Schwimmschnee, rechts verfestigt)?

► Seite 51

- Wie konnte die tatsächliche Hangneigung um über 10° von der aus der Karte bestimmbaren Steilheit abweichen?

Bevor wir uns Schritt für Schritt mit der Klärung dieser Fragen beschäftigen, sei noch ein zweites, mindestens ebenso mysteriöses Schneebrettereignis vorgestellt.

Zugspitze 2000

Unter dem Titel »Rätsel nach gewaltigem Lawinenabgang« berichtet der Münchner Merkur Oberbayern in seiner Ausgabe vom 12.01.2000: »Ein gewaltiger Lawinenabgang auf der Zugspitze ist gestern morgen glimpflich ausgegangen: Polizei und Bergwacht gingen am Abend davon aus, dass die Schneemassen keine Menschen unter sich begraben haben. Trotzdem such-

Das mysteriöse Schneebrett am Schneefernerkopf

Der rechte Rand des Schneebrettes. Auslöser war eine Pistenraupe.

ten mehr als hundert Helfer, unter ihnen auch österreichische Kräfte, bis tief in die Nacht nach Opfern.
Gegen 10.40 Uhr hatte sich am Schneefernerkopf die Lawine gelöst und Teile der Piste verschüttet. Die gigantische Wand hatte sich zwischen dem Sessellift ›Neue Welt‹ und dem Schlepper ›Weißes Tal‹ gelöst, war hinabgedonnert und kurz über der Halfpipe am Platt zum Stillstand gekommen. Auch den oberen Bereich am Ausstieg des Schleppers begruben die Schneemassen unter sich.«

Die Daten:
- Anrisshöhe: 1–3 m
- Anrissbreite: 250 m
- Vertikale Ausdehnung: 40–80 m
- Schneekonsistenz: hart
- Exposition: Nordost
- Meereshöhe: 2830 m
- Hangneigung: 40°
- Lawinenwarnstufe: 1 (geringe Gefahr)

Der Tätigkeitsbericht 1999/2000 der Lawinenwarnzentrale[1]) beschreibt das Ereignis folgendermaßen: »Die Schneebrettlawine wurde durch die Arbeiten mit einer Pistenraupe ausgelöst. Die Störung der Schneedecke

1) Zenke (2000)

► Seite 41
► Seite 43

erfolgte an ihrer Basis, wo eine ca. 10 cm mächtige Schwimmschneeschicht von einer etwa 5 cm starken Harschschicht überlagert war. Über diese Schichten setzte sich der Bruchvorgang ausgehend vom Standort der Pistenraupe (im Bild rechts unten) über den gesamten Hang fort. [...]
Der Osthang am Schneefernerkopf wird als Skiabfahrt betrieben. Da dieser Hang als potentieller Lawinenhang bekannt ist, unterliegt das Gebiet der Lawinenkommission. Es wurden in diesem Winter in dem Hang mehrfach Schneeprofile angefertigt, die auf einen insgesamt stabilen Schneedeckenaufbau hinwiesen. Außerdem ist der Hang mit einer sogenannten Lawinensprengbahn abgedeckt. In den vergangenen Wochen wurden mehrfach Lawinensprengungen vorgenommen, wobei die Sprengerfolge eher mäßig ausfielen und ebenfalls als Zeichen eines stabilen Schneedeckenaufbaus gewertet werden konnten. [...]
Überdies wurde von der Bayerischen Zugspitzbahn am 12.01. versucht, mit zwei 10-kg-Ladungen Sprengstoff Reste der Schneedecke über dem Lawinenanriss zum Abgang zu bringen. Auch diese Versuche verliefen ergebnislos. [...]
Insgesamt wurde die Lawinensituation am 11.01.2000 auf dem Zugspitzplatt von der örtlichen Lawinenkommission als ›gering‹ (Gefahrenstufe 1) eingestuft. [...] Eine Reihe zusätzlicher Schneedeckenuntersuchungen, die am 11. und 12.01.2000 im Zugspitzgebiet durchgeführt wurden, bestätigen die Gefahreneinschätzung. [...] Der Schneebrettabgang am Schneefernerkopf stellt ein Ereignis dar, das in der Form zum jetzigen Zeitpunkt in keiner Weise zu erwarten bzw. vorherzusehen war.«

► Seite 82

Für Schneebretter scheinen keinerlei Gesetze zu gelten. Ihr Wesen ist rätselhaft und gibt Fragen auf. Drei Fragen drängen sich bezüglich des Lawinenabgangs am Schneefernerkopf in den Vordergrund:

- Warum ist der Hang nicht bei den zuvor erfolgten Sprengungen abgegangen? ► Seite 22
- Warum konnten die Bereiche oberhalb des Anrisses trotz enormer Sprengkraft nachträglich nicht mehr ausgelöst werden? ► Seite 23/24
- Lässt sich dieses Ereignis überhaupt plausibel erklären? ► Seite 105

Genug der Beispiele. Lawinenkunde-Einsteiger werden verstanden haben, dass es sich bei der Frage der Schneebrettauslösung um eine komplexe und auf den ersten Blick undurchschaubare Angelegenheit handelt. Fortgeschrittene wie Experten müssen zur Kenntnis nehmen, dass das Schneebrett am Schneefernerkopf mit den bisherigen Vorstellungen der Lawinenkunde nicht vereinbar ist und auch nicht mit dem »Flickteppichmodell« erklärt werden kann. ► Seite 56

Schneebretter

Die Beispiele haben Fragen aufgeworfen und in den Raum gestellt. Diese Fragen zu beantworten, ist die Aufgabe der folgenden Kapitel. Dafür sind einige theoretische Grundkenntnisse erforderlich. Die dargestellte Theorie bleibt aber auf ein Minimum beschränkt und wird immer wieder mit praxisrelevanten Tipps gewürzt.

Schichten in der Schneedecke

Die Schneedecke ist in Schichten aufgebaut. Niederschlagsperioden, Temperatur, Wind und Strahlung sind dafür verantwortlich. Im Zusammenhang mit Schneebrettern kommt den Schichten die entscheidende Bedeutung zu. Ohne Gleitschicht gibt es kein Brett. Für die Entstehung von Schneebrettern ist die Existenz einer Gleitschicht also Bedingung. Hinsichtlich der Gleitschicht gibt es drei unterschiedliche Fälle. Zum ersten kann sie eine weiche Schicht sein. Weiche Schichten sind logischerweise weniger stabil als härtere Schichten und können immer verhältnismäßig leicht abgeschert werden.

► Seite 72 ff.

» Weiche Schichten innerhalb der Schneedecke sind als Gefahrenhinweis einzustufen.

Zweitens kann die Gleitschicht an einer Schichtgrenze liegen. Dabei sind Härteunterschiede der beiden angrenzenden Schichten wahrscheinlich. Sie sind aber nicht zwingend, das heißt auch zwischen gleich harten Schichten

Oberflächenreif

Textbezug siehe nächste Seite

kann sich ein Gleithorizont befinden. Harschige oder eisige Schichten sind als Gleithorizont besonders geeignet. Es können aber auch härtere Schichten über weicheren abgehen.

»› Auch Schichtgrenzen (z. B. unten Eis, oben Triebschnee) können einen Gleithorizont darstellen.

Der dritte Fall ist sozusagen eine Kombination der beiden ersten. Die weiche Schicht ist so dünn, dass man sie bei Betrachtung eines »Schneeprofils« nicht erkennt. Das Schneeprofil ist ein aufgegrabener Querschnitt der Schneedecke.

▶ Seite 43, 78

Eingeschneiter Oberflächenreif ist das Paradebeispiel für eine dünne Schwachschicht. Der Reif bildet sich in kalten, klaren Nächten. Er sieht faszinierend aus und ist völlig harmlos, solange er sich an der Schneeoberfläche befindet. Aber wehe, er wird eingeschneit und durch weitere Schichten überlagert. Die filigranen Kristalle kippen oder brechen und bilden ein ideales Kugellager.

»› Eingeschneiter Oberflächenreif ist immer kritisch.

Nach einer umfangreichen Statistik des SLF[1]) waren bei 42 % von 630 untersuchten Schneebrettunfällen schwache Schichten vorhanden. Bei 58 % der 630 Unfälle befand sich der Gleithorizont an einer Schichtgrenze.[2]) Den Bruch an einer Schichtgrenze bezeichnet man als »Scherbruch«. Der Bruch in einer schwachen Schicht wird »Strukturbruch« genannt. Der Unterschied zwischen beiden spielt aber für die Schneebrettauslösung wahrscheinlich keine bedeutende Rolle. Die beiden Fälle werden daher im Zusammenhang mit der Schneebrettauslösung nicht weiter unterschieden.

Bei der Mehrzahl der Unfälle ist keine Schwachschicht zu erkennen.

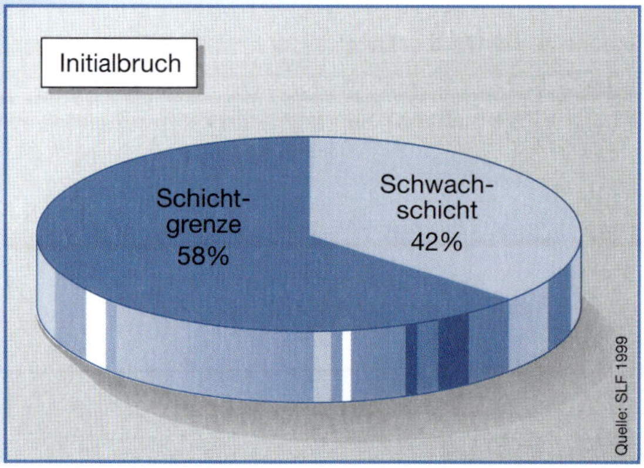

Härtebestimmung

Wichtig ist noch die praktische Härtebestimmung der Schneeschichten. Man gräbt ein Schneeprofil, vergegenwärtigt sich die Schichten und ermittelt die jeweilige Härte,

1) Das SLF ist das Eidgenössische Institut für Schnee- und Lawinenforschung in Davos. Die genannte Statistik umfasst über 630 Skifahrerlawinen aus den Wintern 1987/88 bis 1996/97. Alle nicht mit anderen Quellenangaben versehenen statistischen Angaben in diesem Buch beziehen sich auf diese Statistik. Schweizer, Lütschg (1999)

2) Schweizer (1999) (2000)

Testobjekt	Querschnitt	Härte	Festigkeit
Faust	ca. 50 cm^2	sehr weich	ca. 10 kN/m^2
vier Finger	ca. 10 cm^2	weich	ca. 50 kN/m^2
ein Finger	ca. 2,5 cm^2	mittelhart	ca. 200 kN/m^2
Bleistift	ca. 0,5 cm^2	hart	ca. 1000 kN/m^2
Messer	ca. 0,1 cm^2	sehr hart	ca. 5000 kN/m^2

indem man unterschiedliche Gegenstände schichtparallel in den Schnee steckt. Das Verfahren geht davon aus, dass der Gegenstand »ohne große Anstrengung eingestoßen« werden kann.[1]) Als Anhaltswert hierfür gelten 50 Newton. Die einzustoßenden Gegenstände haben unterschiedliche Querschnittsflächen. Daraus lassen sich die Größenordnungen der Druckfestigkeiten berechnen.
Übrigens, wenn Sie mal einen Experten testen wollen, dann fragen Sie ihn einfach, wie die in der bisherigen Literatur dargestellten Festigkeitswerte definiert sind.[2]) Doch Spaß beiseite, diese paar Zeilen sind zunächst alles, was Sie über die Schichten in der Schneedecke und deren Härte wissen müssen und alles, was Sie benötigen, um die Mechanismen der Schneebrettauslösung verstehen zu können.

Schneebrettauslösung

In den siebziger Jahren war man der Ansicht, dass ein Schneebrett abgehe, wenn die Summe der Spannungen in einem Hang größer sei als die Summe der Festigkeiten. Man stellte sich eine Lawine im wahrsten Sinne des Wortes als Brett oder besser als große Leichtbetonplatte vor, die rundherum im Schnee verankert sei. Für einen starren Körper gilt der obige Satz tatsächlich. Schnee ist aber kein starrer Körper und reagiert anders. Trotzdem ist die alte Modellvorstellung gut geeignet, um sich die im Hang bestehenden Stabilitäten zu vergegenwärtigen. Sie werden einerseits durch die basale Scherfestigkeit und andererseits durch die randlichen Festigkeiten bestimmt.

► Seite 34 ff.

1) Salm (1982)
2) Die in der sonstigen Literatur angegebenen Kraftwerte beziehen sich auf den Querschnitt der sogenannten Rammsonde. Er beträgt ca. 12,6 cm^2. Die hier angegebenen Werte beziehen sich jeweils auf die Querschnitte der einzustoßenden Objekte und 50 N Einstoßkraft. In der Praxis sind die Festigkeitsangaben beider Systeme weitgehend identisch.

Basale Scherfläche und Anriss des Schneebretts am Schneefernerkopf.

Basale Scherfestigkeit

Unter der basalen Scherfestigkeit versteht man die Festigkeit zwischen den Schichten. Sie ist der entscheidende Faktor für die Hangstabilität. Will man ein Schneebrett auslösen, muss eine Schwachschicht oder Gleitfläche existieren.
Unabhängig davon lernen wir aus der Materialkunde, dass die Widerstandsfestigkeit von Werkstoffen gegenüber Scherkräften geringer ist als gegenüber Zug- und besonders Druckbelastungen. Bei Schnee scheinen diese Unterschiede besonders ausgeprägt zu sein. Laut Salm ist die Druckfestigkeit bei Schnee wesentlich größer als die Zug- und Scherfestigkeit.[1]) Nach den angegebenen Werten dürfte sich die Relation Druck- / Zug- / Scherfestigkeit in der Größenordnung von 4 / 2 / 1 bewegen. Wir haben also an der Basis eine schwache Schicht und belasten diese außerdem mit der für den »Werkstoff Schnee« ungünstigen Scherkraft.

Randfestigkeiten

Unter den Randfestigkeiten bzw. Randstabilitäten versteht man die Stabilität innerhalb einzelner Schichten. Sie werden in der Praxis häufig überschätzt. Die randlichen Festigkeiten betreffen nur die vergleichsweise kleinen Querschnittsflächen der abgleitenden Schicht(en). Da nützt es nichts, dass hier auch Druck- und Zugfestigkeiten auftreten.

1) 2) Salm (1982)

Der Perfektionist stellt sich ein Schneebrett als ordentliches Rechteck vor und spricht von der oberen Kante als »Anriss«, von der unteren Begrenzung als »Stauchwall« und von »seitlichen Begrenzungsflächen«. Seitlich existieren Scherfestigkeiten, unten Druck- und oben Zugfestigkeiten. Doch wie gesagt, in aller Regel ist die Summe dieser Werte kleiner als die Festigkeit der erheblich großflächigeren basalen Schwachschicht und in der Praxis von sekundärer Bedeutung. Weitere Überlegungen zu diesem Punkt finden Sie in den Kapiteln »gespannte Falle« und »Felsinseln«.

► Seite 24/25
► Seite 39/40
► Seite 54/55

Initialbruch

Zurück zur Modellvorstellung. Schnee ist keine Leichtbetonplatte und die alte Idee »Brett, wenn Summe der Spannungen größer als Summe der Festigkeiten« können wir getrost ad acta legen. »Der Bruchvorgang hat seinen Ursprung meist in einer kleinen Fläche, in der die wirkende Kraft so groß wie die betreffende Festigkeit geworden ist«.[2]) Die Logik »Spannungen größer Festigkeiten« muss also kleinräumig gesehen werden. Dies beruht auf der Tatsache, dass Schnee eben kein starrer Körper ist, sondern auf kurzzeitige Zusatzbelastungen mit einer gewissen Elastizität reagiert. Mehr dazu im Kapitel über die Gleitschneebretter.

► Seite 34/35

Nun mal angenommen, ich will ein Schneebrett auslösen und springe an einer bestimmten Stelle auf der Schneedecke herum. Lokal entstehen dadurch erhöhte Kräfte und es kann sein, dass ich unter mir einen schichtparallelen Bruch erzeuge. Dieser wird »Initialbruch« genannt. Wenn ich ei-

Basale Scherfläche, Seitliche Begrenzungsfläche (links oben) und Stauchwall (rechts unten).

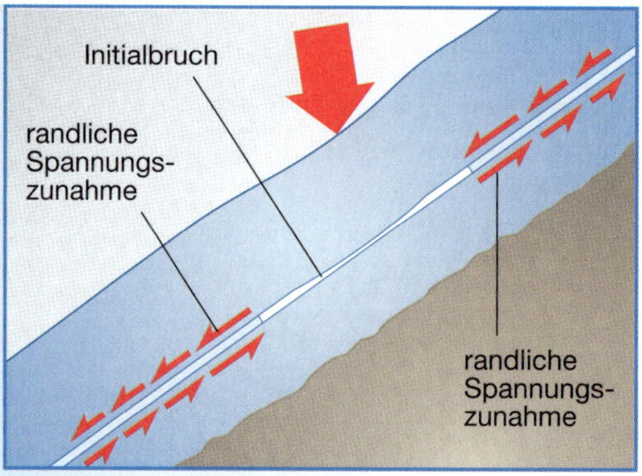

Ein Initialbruch bewirkt Spannungszunahme in der unmittelbaren Umgebung.

▶ Seite 51

nen Initialbruch erzeugen konnte, nehmen die basalen Scherspannungen randlich außerhalb der entstandenen Bruchfläche zu. Die Festigkeit im Bereich der Bruchfläche ist zerstört, die Hangabtriebskraft aber nach wie vor existent. In dieser Situation sind drei Varianten möglich:

- Erstens können die Festigkeiten außerhalb der gebrochenen Fläche groß genug sein, um eine weitere Bruchausdehnung zu verhindern. Dann werde ich nicht einmal wahrnehmen, dass ich den Initialbruch überhaupt erzeugt habe.
- Als zweite Variante kann der Initialbruch sich weiter ausbreiten. Die Bruchfortpflanzung erfolgt dabei mit bis zu Schallgeschwindigkeit (mehrere hundert Meter pro Sekunde). Das Gelände ist aber nicht steil genug, um ein Brett abgehen zu lassen. Es wird in diesem Fall zu dem bekannten und zu Recht gefürchteten »Wumm-Geräusch« kommen, das mit dem Strukturbruch einer Schwachschicht zusammenhängt.
- Und drittens: Der Initialbruch kann sich ebenfalls weiter ausbreiten. Das Gelände ist jetzt aber steil genug, um ein Brett wirklich abgehen zu lassen. Dann gnade mir Gott.

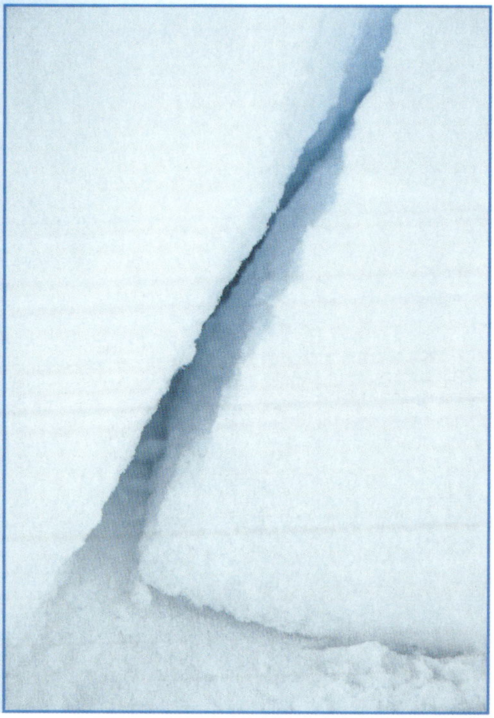

Es sei an dieser Stelle erwähnt, dass der Initialbruch aus heutiger Sicht immer ein basaler Bruch ist. Die Bilder von aufgegrabenen Rissen in der Schneedecke sprechen eine eindeutige Sprache. Sie weisen in der Tiefe immer die gleiche Breite auf wie an der Oberfläche und enden an einer basal gebrochenen Schicht. Ich selbst habe lange an die Existenz des Zugrisses als Initialbruch geglaubt, schließe diese Möglichkeit aber heute aus. In der Praxis bedeutet dies, dass ein Brett in aller Regel nicht in, sondern oberhalb der Spur abreißt. Auch wenn man sich oben im Hang oder bereits in flacherem Gelände befindet, ist das Risiko erheblich. Frage eins des Surgonda-Unfalls ist somit geklärt. (▶ Seite 8/9)

Risse im Schnee verjüngen sich nicht nach unten, sondern verlaufen parallel.

» Der Anriss entsteht meist oberhalb des Auslösepunktes.

Es kommt vor, dass erfahrene Tourengeher absichtlich versuchen, ein Brett von oben auszulösen. Dieses sogenannte Abtreten von Schneebrettern sollte ausschließlich an eindeutigen Geländekanten praktiziert werden! Eine Geländekante ist ein markanter Übergang von steil zu flach. Um ein Brett abzutreten, muss die Stelle, an der ich mich befinde und das Gelände oberhalb von mir flach sein. Besser ist es jedoch, auf derart gefährliche Spiele zu verzichten.

Initialbruch und Bruchfortpflanzung

Die Auslösung eines Schneebrettes lässt sich in zwei Phasen unterteilen, nämlich den Initialbruch und die Bruchfortpflanzung. Diese gedankliche Unterteilung ist außerordentlich wichtig. Die bisherigen Sichtweisen konzentrieren sich stark auf den Initialbruch und berücksichtigen die während der Bruchfortpflanzung auftretenden Effekte nur ungenügend.

► Seite 23ff.

Wie dargestellt, kann der Initialbruch durch eine Zusatzbelastung der Schneedecke verursacht werden. Neben Menschen eignen sich dafür Pistenraupen, Sprengungen, Erdbeben, Tiere oder auch laute Geräusche, etwa durch Flugzeuge. Die Skifahrerlawine betreffend sind es in 90 % der Fälle die Tourengeher selbst, die das Brett auslösen. Es ist somit eher selten, dass man durch eine zufällig oberhalb abgehende Lawine verschüttet wird.

90 % aller Schneebretter werden von den Betroffenen selbst ausgelöst

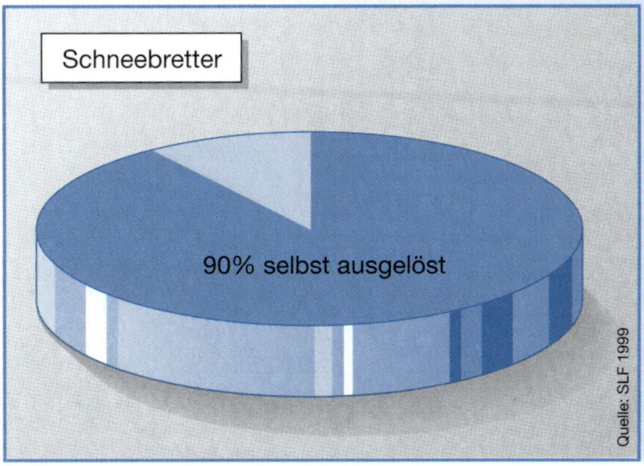

Punktuelle Zusatzspannungen

In der Praxis kommt es ganz erheblich auf die Fläche an, auf die eine gegebene Zusatzkraft wirkt. Bekanntermaßen sinkt man ohne Ski tiefer in den Schnee ein als mit Ski. Die wirkende Kraft ist jedes Mal die gleiche (Körpergewicht x Erdbeschleunigung). Aber die Fläche ist unterschiedlich. Korrekterweise sollte man also Zusatzkräfte und Zusatzspannungen unterscheiden. Spannung ist Kraft pro Fläche und insofern die relevante Größe. Im Sprachgebrauch werden Kräfte und Spannungen aber oft nicht konsequent unterschieden.

» Begehen der Schneedecke zu Fuß verursacht höhere punktuelle Zusatzspannungen als mit Ski.

Die Fläche, auf die sich eine punktuelle Zusatzkraft verteilt, hängt mit der Tiefe zusammen. Schnee hat die Eigenschaft, punktuelle Zusatzbelastungen mit zunehmender Tiefe auf immer größere Flächen zu übertragen. Man stelle sich vor, ich balanciere einbeinig auf einer Luftmatratze. Mein Körpergewicht wird von der Matratze auf den Boden übertragen, und zwar auf eine Fläche, die ein gewisses Stück größer ist als der darauf stehende Fuß. Man stelle sich weiterhin vor, ich klettere auf einen zwei Meter hohen Luftmatratzenstapel und vollbringe dort das gleiche Kunststück. Mein Gewicht wird in diesem Fall auf eine ziemlich große Fläche am Boden übertragen. Wie stark die Verteilungsfläche mit der Tiefe zunimmt, hängt vom Druck in den Luftmatratzen bzw. – um zum Thema Lawinen zurückzukehren – von der Festigkeit der Schneeschichten ab. Harte Schichten verteilen mein Gewicht in der Tiefe auf eine größere Fläche als weiche Schichten. Harte Schichten bewirken dadurch in der Tiefe eine geringere Spannungszunahme.

Zusatzspannungen in der Tiefe

Egal ob harter oder weicher Schnee, Spannungen, die durch punktuelle Zusatzbelastungen verursacht werden, nehmen in der Tiefe ab. Vom SLF wurden Untersuchungen durchgeführt, die diese Aussage empirisch belegen.[1]) Mit einer 0,25 m² großen Kraftmessplatte wurden in unterschiedlichen Schneetiefen die übertragenen Kräfte gemessen. Ergebnis war, dass die Kräfte mit zunehmender Tiefe sogar bei relativ weichem Schnee stark abnehmen. Die Abbildung rechts oben zeigt die aus der Studie berechenbaren Zusatzspannungen in unterschiedlichen Tiefen unter den Ski.[2])
Die Kräfte wurden mit Ski gemessen, und zwar beim Stehen, Wippen und Springen. Die Kräfte beim Wippen erwiesen sich als zwei- bis dreimal so groß wie beim Stehen

Bei hartem Schnee werden punktuelle Zusatzbelastungen flächig verteilt. Die Ellipsen sind Isolinien für gleiche Spannung.

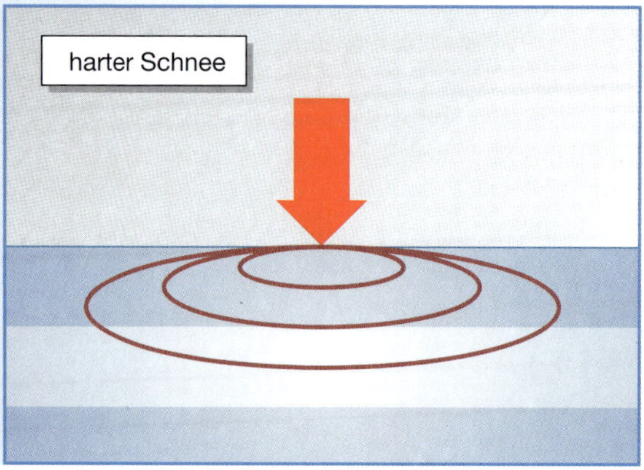

1) Schweizer (1998)
2) Die Spannungsangaben an der Oberfläche beziehen sich auf 80 kg und eine Ski-Auflagefläche von 0,25 m².
Die Angaben für 20, 40 und 60 cm Tiefe wurden aus den Messungen von Schweizer (1998) interpoliert. Man beachte, dass sich die in der Publikation von Schweizer enthaltenen Werte auf eine Kraftmessplatte mit 0,25 m² Größe beziehen. Sie wurden mit dem Faktor 4 multipliziert, um Spannungsangaben in kN/m² zu ermöglichen.

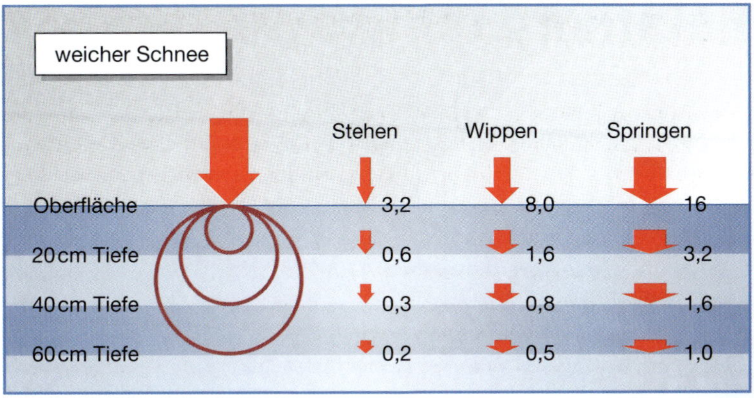

Bei weichem Schnee werden punktuelle Zusatzbelastungen ziemlich direkt eingeleitet. Die Zahlen gelten für weichen Schnee und geben Zusatzspannungen in unterschiedlichen Schneetiefen an (kN/m²).

und die Kräfte beim Springen als rund fünfmal so groß wie beim Stehen. Dies bestätigt die allgemein übliche Annahme, dass die von einem Skifahrer übertragenen Kräfte bis zum Fünffachen seines Körpergewichtes betragen.

»» **Sportliche Fahrweise, Springen und Stürzen belasten die Schneedecke etwa fünfmal so stark wie sanfte Bewegungen und bergen damit ein deutlich erhöhtes Auslöserisiko.**

Punktuelle Zusatzbelastungen werden also mit zunehmender Tiefe in der Schneedecke auf immer größere Flächen übertragen und verursachen immer kleinere Spannungen. Die Zusatzspannungen nehmen dabei um so mehr ab, je fester die Schneedecke ist. Bezogen auf eine kritische Schicht irgendwo in der Schneedecke bedeutet dies folgendes: Je tiefer die kritische Schicht liegt und je fester die darüber liegenden Schneeschichten sind, desto geringer fällt die übertragene Zusatzspannung aus. In Bereichen mit dicken und festen Schichten ist ein Schneebrett somit schwer auslösbar, womit auch Frage zwei des Surgonda-Unfalls geklärt wäre.

► Seite 39/40
► Seite 8/9

»» **Es ist leichter, ein Schneebrett an einer Stelle mit geringer Schichtmächtigkeit auszulösen, als an einer Stelle mit großer Schichtmächtigkeit.**

Relative Sichtweise

► Seite 56/57

► Seite 15

Die Spannungsabnahme in der Schneetiefe (bei punktueller Zusatzbelastung) ist bereits der erste Schritt einer relativen Betrachtung. Dieser Gedanke wurde bisher nur wenig betont und wird bei den üblichen Schertests (Norweger, Rutschblock) nicht berücksichtigt. Der zweite Schritt der relativen Sichtweise betrifft die Bruchfortpflanzung. Auch in diesem Zusammenhang spielen Dicke und Festigkeit der abgleitenden Schneeschichten eine wichtige Rolle. Klar ist, dass eine feste Schneeschicht höhere Spannungen übertragen kann als eine weniger feste. Klar ist ebenfalls, dass eine dickere Schneeschicht entsprechend höhere Kräfte übertragen kann als eine dünnere. Nimmt man weichen bis mittelharten Schnee, so lässt sich aus den Festigkeitswerten folgern, dass pro Quadratmeter Querschnitt 5 bis 20 Tonnen Kraft übertragen werden können.

Kraftübertragung = Dicke x Festigkeit

Nochmal das Ganze. Dickere Schichten übertragen höhere Kräfte als dünnere Schichten und festere Schichten übertragen höhere Spannungen als weniger feste Schichten. Je tiefer die basale Bruchfläche liegt, desto höhere Kräfte werden insgesamt bei der Bruchfortpflanzung auftreten. Bei dicken, festen Schichten können somit auch Scherbrüche an ziemlich solide erscheinenden Schichtgrenzen verursacht werden.

Schneebretter entstehen häufig in Hangbereichen mit Windverfrachtungen. Besonders kammnahe Leeseiten oder eingewehte Mulden sind hier zu nennen. Es ist insofern durchaus normal, dass die Schneemächtigkeit eines Brettes variiert. Durchschnittlich 50 Zentimeter Anrisshöhe kann also

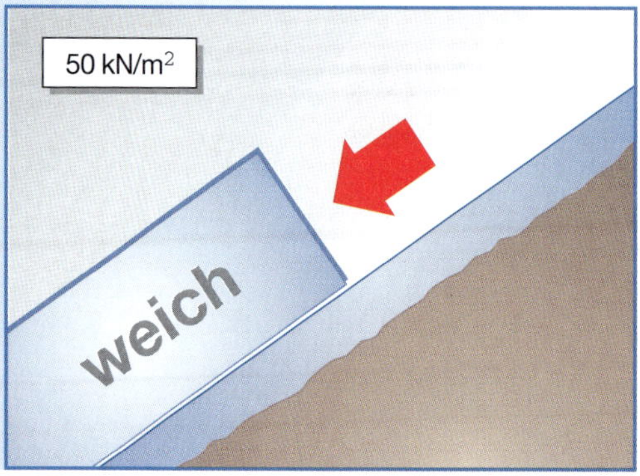

Übertragbare Spannung bei weichem Schnee (Kraft/m² Querschnitt).

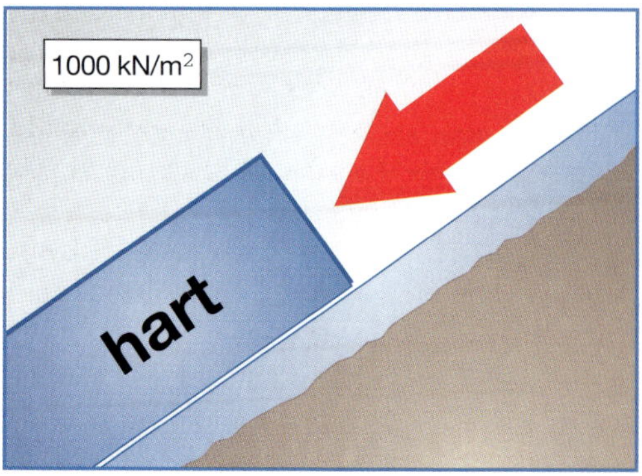

Unten rechts: Übertragbare Spannung bei hartem Schnee (Kraft/m² Querschnitt).

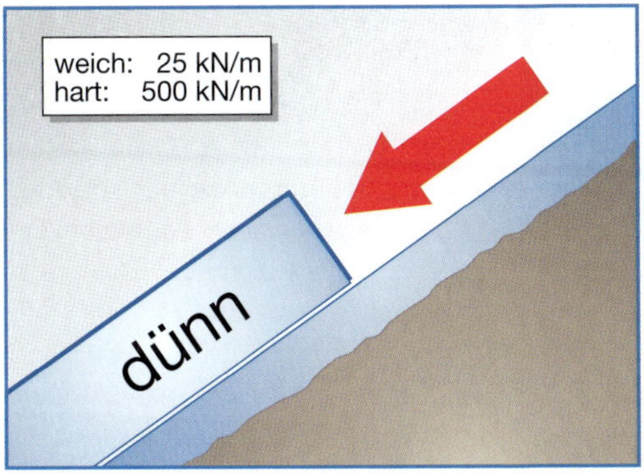

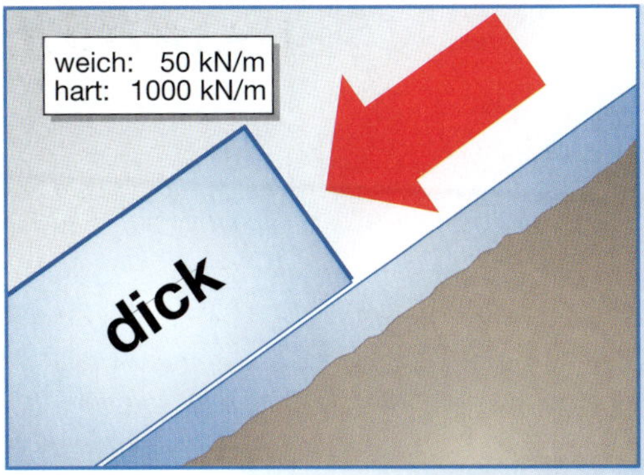

Übertragbare Spannung bei 0,5 m Schichtdicke (Kraft/m Hangbreite).

Oben rechts: Übertragbare Spannung bei 1,0 m Schichtdicke (Kraft/m Hangbreite).

lokal deutlich dickere oder dünnere Schichtmächtigkeit bedeuten, wie auch der Surgonda-Unfall eindrucksvoll zeigt.

Die bisherigen Ausführungen machen deutlich, dass man ein Brett leichter an einer Stelle geringer Schneemächtigkeit auslösen kann als an einer Stelle großer Schneemächtigkeit. Auch die Statistik des SLF bestätigt diese Sichtweise. Die Mächtigkeit der »typischen Skifahrerlawine« beträgt rund 50 Zentimeter (Mittelwert). Die Schichtmächtigkeit am Auslösepunkt wird mit durchschnittlich 40 Zentimeter angegeben.[1]) Ist der Initialbruch erst einmal erfolgt, kann er sich problemlos in Bereiche höherer Schichtmächtigkeit fortpflanzen. Die hierbei übertragbaren Kräfte sind enorm. Sie liegen je nach Schneehärte in der Größenordnung von 5 bis über 100 Tonnen pro Quadratmeter Querschnitt. Da braucht man sich nicht zu wundern, wenn plötzlich ein Hang abgeht, in dem man gerade noch ein »sicheres« Rutschblockresultat erzielt hat.

► Seite 15

» Ist der Initialbruch erst einmal erfolgt, können im Rahmen der Bruchfortpflanzung gewaltige Kräfte übertragen werden.

Das Schneebrett am Schneefernerkopf bestand durchwegs aus hartem Schnee. Es dürfte eine Kraftübertragung von bis zu 100 Tonnen pro Quadratmeter entwickelt haben. Vergegenwärtigt man sich diese Kräfte, wird der Vorgang verständlich. Es gibt in solchen Fällen kein Halten mehr, wenn der Initialbruch erst einmal erfolgreich bewerkstelligt ist. Die enorme Größe der übertragenen Kräfte wird auch durch die Tatsache belegt, dass die erfolgten Sprengungen das Brett nicht auslösen konnten. Es gelang noch nicht einmal nachträglich, den restlichen Schnee oberhalb des An-

► Seite 10/11

1) Schweizer (2000)

Das Schneebrett am Schneefernerkopf bestand aus hartem Schnee.

risses abzusprengen. Und dies trotz 20 kg Sprengstoff! Die Bruchfortpflanzung entwickelte offensichtlich mehr Power als die massiven Sprengungen. 100 Tonnen pro Quadratmeter sind wahrlich kein Pappenstiel. Der Initialbruch wurde von einer Pistenraupe verursacht. Man stelle sich vor, welche Zusatzbelastung so ein Gerät bewirken kann. Im Rahmen der Präparationsarbeiten fräst sich der Koloss in die Schneedecke hinein und kommt der »kritischen« Schicht immer näher. Das Eigengewicht der Raupe wird unter Umständen auf Bruchteile der Kettenfläche konzentriert. Die Motorvibrationen kommen noch hinzu. Man kann also eine außerordentliche Zusatzbelastung unterstellen.
Leider hat diese Sichtweise eine ziemlich unerfreuliche Konsequenz.

»» Mit entsprechender Zusatzbelastung ist jeder Hang auslösefähig, der genügend Steilheit aufweist und die Voraussetzungen zur Bruchfortpflanzung erfüllt.

Die Größe des Brettes

Ein Schneebrett ist erfolgreich ausgelöst und hat unter Umständen Hangbereiche mitgenommen, die wir im Rahmen einer konventionellen Beurteilung als »sicher« eingestuft hätten. Unsere Vorstellung besagt bislang, dass es einen Initialbruch und eine Bruchfortpflanzung gegeben hat. Um das Modell zu vervollständigen und um praktische Empfehlungen daraus ableiten zu können, müssen wir uns mit der Frage beschäftigen, wie groß das Brett wird. Genauer, welche Bedingungen es verhindern, dass sich ein Scherbruch weiter fortpflanzt oder welche sonstigen Gründe die Größe des Brettes limitieren.

Stauchwall

► Seite 17

Um die Grenzbedingungen der Scherbruchausbreitung zu erfassen, müssen wir Anriss und Stauchwall unterscheiden. Im Bereich des Stauchwalls hat sich der Bruch offensichtlich nicht weiter schichtparallel ausgebreitet.

Die ursprüngliche Schwach- oder Gleitschicht muss hier so stabil sein, dass der Bruch schräg durch die Schichten hindurch zur Schneeoberfläche abgeleitet wurde. Der in Bewegung geratene Schnee rutscht dann auf der Schneedecke weiter ab. Dieser Sachverhalt ist am Beispiel Schneefernerkopf in geradezu exemplarischer Weise realisiert. Durch den harten Schnee kam es zur Bildung eines deutlich ausgeprägten Stauchwalls. Die Schneemassen rutschten über diesen hinaus und drangen ins Pistengebiet vor.

Exemplarisch ausgebildeter Stauchwall

Anriss

Im Bereich des Anrisses ist die Situation weniger eindeutig. Hier können zwei unterschiedliche Fälle auftreten (siehe Grafik nächste Seite). In beiden Fällen erfolgt die Kraftübertragung durch Zugkräfte, die in den losgelösten Schichten übertragen werden. Im ersten Fall kommt es zum Stopp des Scherbruches. Der schichtparallele Bruchvorgang wird dort enden, wo die Zugfestigkeit der abgleitenden Schichten geringer ist als die erforderliche Scherkraft. An dieser Stelle kommt es zum Anriss und damit zur oberen Begrenzung des Schneebrettes.

Genauso gut kann auch der Fall vorliegen, dass der Bruchvorgang sich weiter nach oben fortsetzt. Die Schichten gleiten jedoch wegen einer Geländeverflachung nicht ab. Derartige Situationen werden eindeutig durch Fotos dokumentiert, die Spalten und losgelöste Schneeschollen im Bereich des Anrisses zeigen. (▶ Seite 33)

Beide Fälle können auch nebeneinander innerhalb desselben Brettes auftreten.

»» Der Bereich oberhalb des Anrisses ist entweder nicht abgeschert worden oder mit abgeschert worden und trotzdem liegengeblieben.

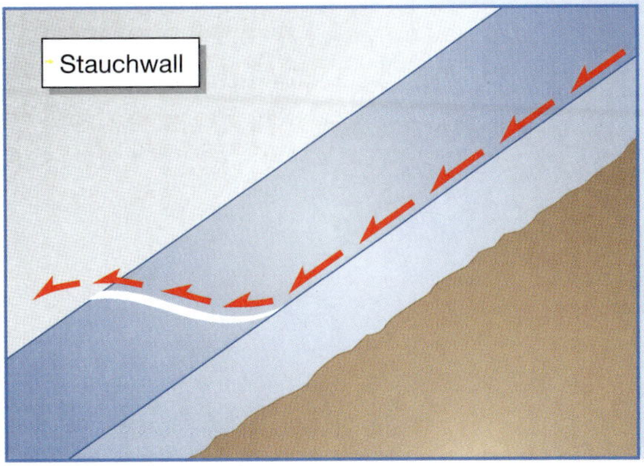

Im Bereich des Stauchwalls ist die »Schwachschicht« so stabil, dass der Scherbruch schräg durch die abgleitende Schicht erfolgt.

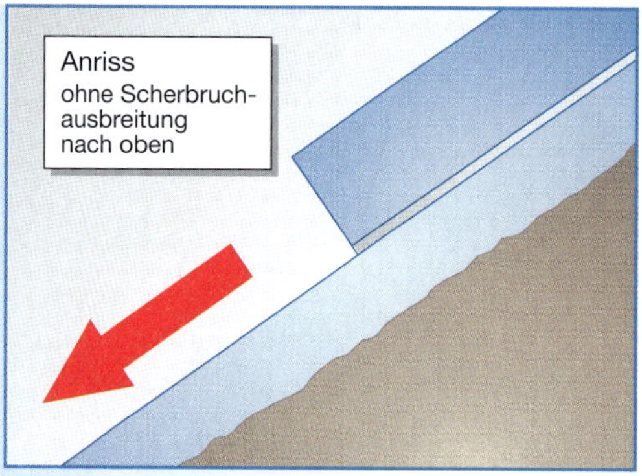

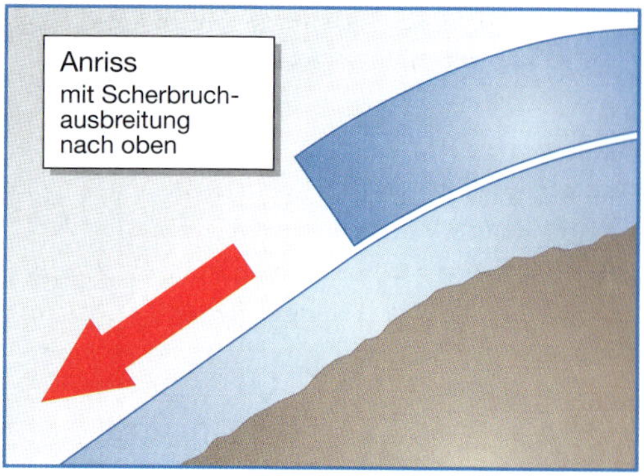

Die beiden im Bereich des Anrisses möglichen Fälle. Erläuterung siehe vorherige Seite.

Konsequenz der relativen Sichtweise

Die dargestellten Überlegungen haben weitaus größere praktische Auswirkungen als man auf den ersten Blick meint. Die Zusatzspannungen, die bei weichem bis mittelharten Schnee in einer Tiefe von 50 Zentimetern erzeugt werden, liegen in der Größenordnung von 0,5–2 kN/m². Im Gegensatz dazu betragen die im Rahmen der Bruchfortpflanzung möglichen Kräfte bei gleicher Schneetiefe rund 25–100 kN/m. Das ist nicht nur ein bisschen mehr, sondern hier geht es um ein bis zwei Zehnerpotenzen.[1]) In größerer Schneetiefe wird der Unterschied sogar noch gravierender.

Es ist heute üblich, Schneedecken in Stabilitätsklassen einzuteilen. Sie lauten schwach, mittel und fest.[2]) Diese Einteilung erfolgt auf der Basis mehrerer Rutschblock- bzw. Rutschkeiltests. Ab einer Belastung von ca. 1,5–2 kN/m² wird der Test als sicher interpretiert. Vergegenwärtigt man sich, dass die möglichen Scherkräfte weitaus größer sind als die Testkräfte und weiterhin, dass diese möglichen Scherkräfte überhaupt nicht numerisch zu erfassen sind, da sie einerseits von der Dicke und andererseits von der Festigkeit der Schichten abhängen, dann muss man zu dem Schluss kommen, dass eine quantitative Einteilung der Schneedecke in Stabilitätsklassen unmöglich ist.

► Seite 57

► Seite 22/23

1) Die Messungen von Schweizer (1998) ergaben 200 N für Wippen. Dieser Wert ist durch die Größe der Messplatte (0,25 m²) zu teilen und für maximale Belastungen mit dem Faktor 2 zu multiplizieren. Man berechnet 200 N x 2 / 0,25 m² = 1,6 kN/m². Die in kN/m angegebene Scherkraft ist in Längsrichtung der Bruchausbreitung zu verstehen. Hier wird angenommen, dass die im Rahmen der Bruchfortpflanzung entstehenden basalen Scherkräfte gleichzeitig auf einen Meter Länge wirken. Ist die gleichzeitige Wirkung in der Realität kürzer (was nicht unwahrscheinlich ist), werden die entstehenden Scherkräfte noch größer als angegeben. Sollte sie länger sein, verringern sich die basalen Scherkraftwerte entsprechend.

2) Munter (1997)

Im Sinne der herkömmlichen Rutschblock-Beurteilung gibt es keine sicheren Hangbereiche.

Die relative Sichtweise hat aber auch erfreuliche Konsequenzen. Erinnern wir uns an die Aussagen zur Bruchfortpflanzung. Erfolgt ein Bruch nicht schichtparallel, sondern quer durch die Schichten, dann ist an dieser Stelle kein Brett möglich. Oder andersherum gesagt, wenn woanders ein Brett abgeht, dann wird ein Hangbereich, in dem entsprechende Stabilitätsbedingungen herrschen, nicht mit erfasst werden (außer das Brett geht genau oberhalb ab und verschüttet den Hangbereich). Angenommen, ich hätte einen ganzen Hang rasterartig auf das Bruchverhalten hin überprüft und nirgends schichtparallele Brüche gefunden, dann könnte ich diesen Hang als hundertprozentig sicher einstufen. Das ist natürlich praktisch unmöglich, und wäre es möglich, dann würde die anschließende Abfahrt in dem zerwühlten Hang »sicher« keinen Spaß mehr machen. Dieses Szenario wirft allerdings zwei Fragen auf:

► Seite 25

- Erstens, wie kann ich das Bruchverhalten des Schnees testen?
- Und zweitens, inwieweit sind Testergebnisse auf andere Hangbereiche übertragbar?

► Seite 60 ff.

► Seite 67

Mehr dazu folgt in den entsprechenden Kapiteln.

Erfolgt ein Bruch nicht schichtparallel, sondern quer durch die Schichten, dann ist an dieser Stelle kein Brett möglich.

Die Betrachtungen zum Scherbruchverhalten im Anrissbereich lassen noch einen weiteren Schluss zu: Selbst wenn Schneemassen abgeschert wurden, geht ein Brett nur bei genügender Hangsteilheit ab. Wichtig ist hierbei, dass man die »steilste Hangpartie« und nicht die Durchschnittsneigung des Hanges misst. Die Statistik des SLF zeigt den Zusammenhang zwischen Skifahrerlawinen und Hangsteilheit. Unterhalb von 30° ist so gut wie nichts passiert, oberhalb von 35° geht's richtig zur Sache. Weitere Gedanken zur steilsten Hangpartie folgen in dem entsprechenden Kapitel. (► Seite 51/52)

Hänge mit steilsten Partien von 30° kann man in der Regel auch befahren, wenn Schwachschichten vorhanden sind.

Die jeweils steilsten Hangpartien der vom SLF untersuchten Skifahrerlawinen

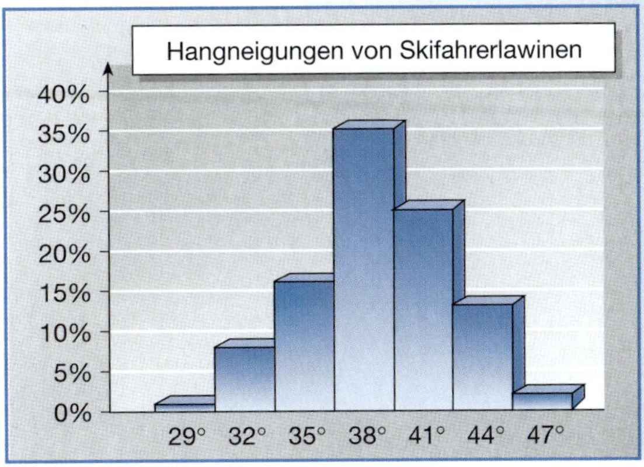

Risiken erkennen

Hot Spots und Risiko des Ersten

▶ Seite 71 ff.

▶ Seite 16/17

Die Schneedecke ist nicht überall gleich aufgebaut, sondern mehr oder weniger inhomogen. In ungünstigen Fällen existieren sogenannte »Hot Spots«. Dabei handelt es sich um Bereiche, in denen die basale Festigkeit geringer ist als die Hangabtriebskraft. Werner Munter beschreibt ein anschauliches Gedankenexperiment. Man zerschneide die Schneedecke eines Steilhanges schachbrettartig in lauter separate Würfel. Würfel, die isoliert stehenbleiben, haben Stabilitätswerte größer eins (basale Festigkeit / Hangabtriebskraft). Würfel mit Stabilitätswerten kleiner eins werden abrutschen. Sie müssen von ihren Nachbarn gestützt werden. Hot Spots würden also ohne die bestehenden Randstabilitäten sofort als Brett abgehen. Klar, dass solche Hot Spots einen Hang destabilisieren. Sie bilden die Punkte maximaler Auslösewahrscheinlichkeit.
Je häufiger Hot Spots auftreten und je größer sie sind, desto kritischer ist der Hang. Darüber hinaus ist im steilen Gelände jeder durch Zusatzbelastung erfolgte Initialbruch ein Hot Spot und schwächt die Schneedecke über das ursprüngliche Maß hinaus. So weit so gut. Dumm daran ist nur, dass man Hot Spots in der Praxis nicht erkennen kann.

» Im steilen Gelände ist jeder erfolgte Initialbruch ein Hot Spot.

Munters Gedankenexperiment: Würfel, die isoliert abrutschen würden, sind Hot Spots. Sie müssen von ihren Nachbarn gestützt werden.

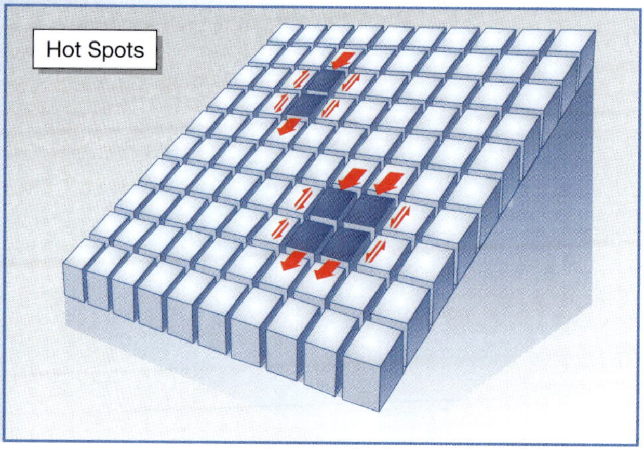

Nach der Statistik des SLF wurden 60 % der Skifahrerlawinen vom ersten Fahrer allein ausgelöst. Bei 40 % waren mehrere Personen gleichzeitig im Hang, als das Brett abging. Hieraus läßt sich ableiten, dass der Erste, der in einen Hang hineinfährt, auch das größte Risiko trägt. Keinesfalls darf daraus jedoch geschlossen werden, dass ein Hang sicher ist, wenn er den ersten oder auch mehrere Fahrer überstanden hat.

» Der Erste hat das größere Auslöserisiko – existierende Spuren sind aber keine Gewähr für Sicherheit.

Entlastungsabstände

Aufstieg

Generell ist die Aufstiegssituation von der Abfahrt zu unterscheiden. Beim Aufstieg bewegen sich in aller Regel mehrere Personen hintereinander in der gleichen Spur. Dabei werden mehr oder weniger große Abstände eingehalten. Nach Messungen von Jürg Schweizer kann man berechnen, dass die Gewichtskräfte bei weichem Schnee ziemlich direkt eingeleitet werden. Selbst bei Schnee mit einer harten Kruste konzentrieren sie sich immer noch auf eine relativ kleine Fläche.[1]) Der Anschaulichkeit halber wurde die Gesamtkraft in den Darstellungen quaderförmig und flächig konstant gewählt. In Wirklichkeit ist sie von oben betrachtet eher ellipsenförmig und nimmt randlich ab. Dieser Umstand ist aber für die folgenden Betrachtungen nicht von Bedeutung.

Die Höhe der Quader stellt die Spannungsverhältnisse dar. Bei Neuschnee konzentriert sich die eingeleitete Kraft auf eine kleine Fläche (rund 0,5 x 2,0 m, links). Härterer Schnee verteilt die Kraft auf eine deutlich größere Fläche (ca. 1,5 x 3,5 m, rechts).

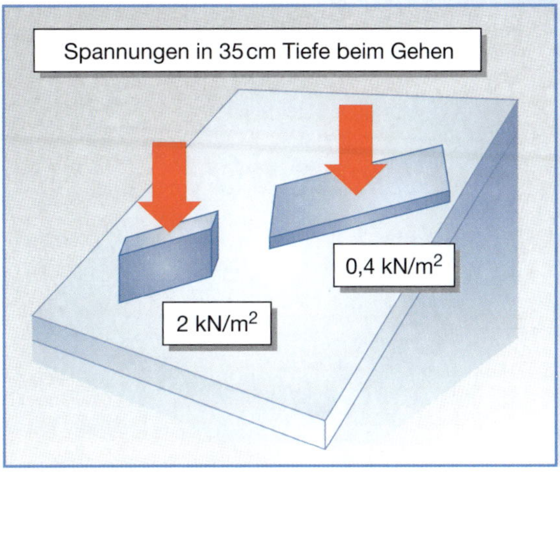

1) Die Ausgangsdaten stammen von Schweizer (1998). Die Messplatte befand sich jeweils in 35 cm Tiefe. Die Berechnung der Verteilungsfläche erfolgt nach der Formel:
Verteilungsfläche = $\text{Kraft}_{\text{Wippen}}$ x $\text{Fläche}_{\text{Messplatte}}$ / $\text{Kraft}_{\text{Messplatte}}$.
Man erhält: Verteilungsfläche bei »weichem« Schnee (Neuschnee) = 1 m^2 bzw. Verteilungsfläche bei Schnee mit einer harten Kruste = 5 m^2. Der Einfachheit halber geht die Berechnung von einer gleichmäßigen Kraftverteilung aus. In der Praxis werden natürlich auch außerhalb der errechneten Fläche noch marginale Zusatzspannungen auftreten.
$\text{Kraft}_{\text{Wippen}}$ = 2,5 x Gewicht (80 kg) = 2 kN; $\text{Fläche}_{\text{Messplatte}}$ = 0,25 m^2; $\text{Kraft}_{\text{Messplatte}}$ = ca. 0,5 kN (Neuschnee); $\text{Kraft}_{\text{Messplatte}}$ = ca. 0,1 kN (Schnee mit einer harten Kruste).

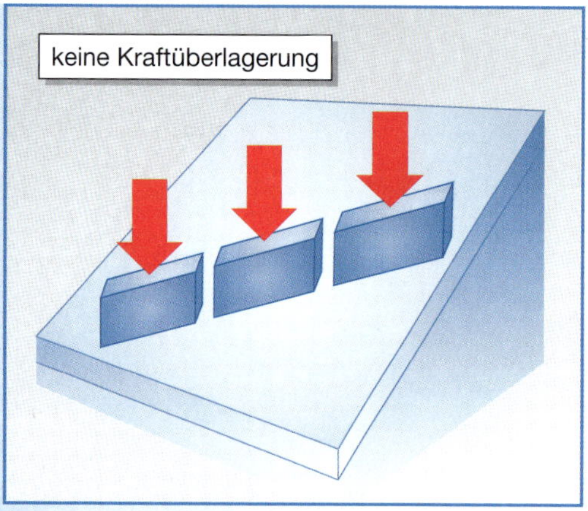

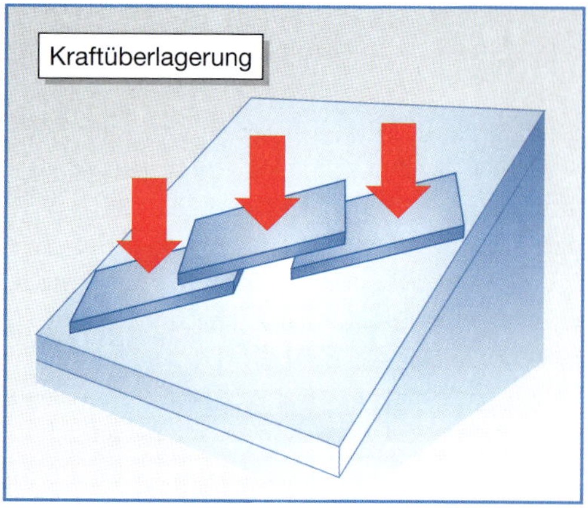

Aufstieg hintereinander. Bei Neuschneeverhältnissen sind Spannungsüberlagerungen unwahrscheinlich.

Oben rechts: Bei härterem Schnee führt dichtes Auflaufen zu Spannungsüberlagerungen.

Mehrere Personen direkt beieinander stellen eine erhebliche Belastung der Schneedecke dar.

Nehmen wir an, mehrere Skitouristen steigen hintereinander auf. Bei weichem Schnee belasten sie alle nacheinander eine bestimmte Stelle des Hanges. Die Kräfte können sich nicht überlagern und durch die Wiederholung der Belastung wird die Gesamtbelastung an einer bestimmten Stelle nicht größer. Die Belastung ist also die gleiche wie wenn nur eine Person geht. Bei härterem Schnee kann dichtes Auflaufen zu einer gewissen Kraftüberlagerung führen. Das ist ungünstig, da überlagerte Kräfte insgesamt höhere Spannungen bedeuten. Je härter und dicker die Schneeschichten sind, desto größer sind die Überlagerungseffekte.

» Entlastungsabstände verhindern mögliche Kraftüberlagerungen.

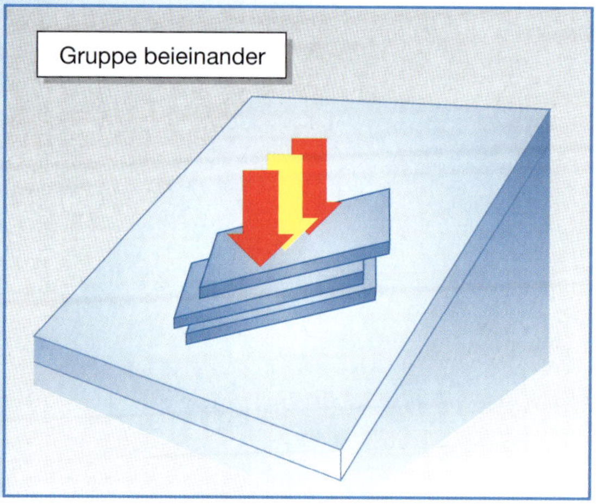

Es gibt etliche Situationen, die noch ungünstiger wirken als dichtes Auflaufen. Da wäre zunächst die Spitzkehre, wo sich drei Personen in unmittelbarer Nähe aufhalten können. Des weiteren ist es ungünstig, wenn mehrere Personen eng beieinander stehen, beispielsweise zwecks Brotzeit oder gemeinsamer Orientierung. In diesem Fall erreichen sie eine vollständige Kraftüberlagerung und damit eine erhebliche punktuelle Belastung des Hanges.

» Mehrere Personen dicht beieinander stellen eine erhebliche »punktuelle« Belastung dar.

Scanning und Fernauslösung

Bei 40 % der Unfälle befanden sich mehrere Personen gleichzeitig im Hang. Bei 5 % aller Fälle hatten die ersten Fahrer den Hang bereits wieder verlassen, als das Brett ausgelöst wurde. 5 % ist kein hoher Wert, aber doch ziemlich viel, wenn man bedenkt, wie beruhigend ein paar vorhandene Spuren auf die Psyche wirken. Ich ertappe mich immer wieder dabei, vorhandenen Spuren zu viel Bedeutung beizumessen. Nach dem Motto, bei denen hat der Hang ja schließlich gehalten.
Offensichtlich muss nicht der erste Fahrer den Hang auslösen. Es kann auch beim zweiten, dritten, vierten oder noch später passieren.

► Seite 28

Abfahrt

Im Gegensatz zum Aufstieg sucht bei der Abfahrt jeder Fahrer seine eigene Spur. Es werden also erheblich mehr Stellen im Hang belastet als während des Aufstiegs. Hinzu kommt, dass die Belastungen bei sportlicher Fahrweise zwei- bis dreimal höher liegen als beim Aufstieg. Sofern ein Hang nur einen einzigen Hot Spot bzw. nur eine einzige für die Auslösung geeignete Stelle besitzt, kann es natürlich sein, dass nicht der erste, sondern eben erst der soundsovielte Fahrer diese Stelle trifft und den Hang auslöst. Mit sauber nebeneinander angelegten Spuren erzielt man die höchste Trefferwahrscheinlichkeit. Etwas zynisch wird heutzutage von Lawinen-Scanning gesprochen.

► Seite 28

Wer trifft den Hot Spot? Auch beim soundsovielten Fahrer kann der Hang noch kommen!

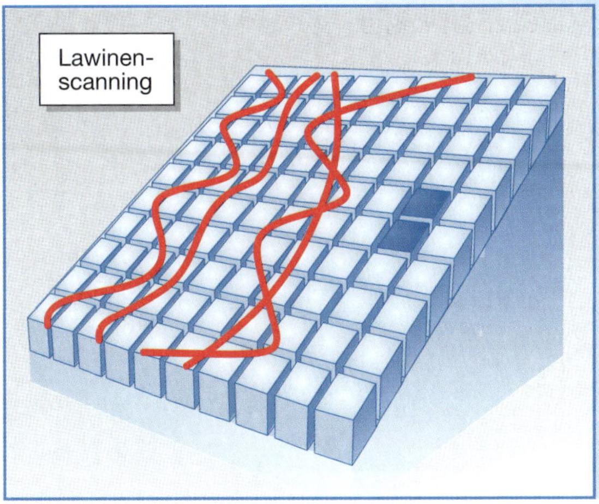

Dies ist aber nur eine von zwei möglichen Interpretationen. Die andere geht davon aus, dass durch die Skifahrer lokale Initialbrüche erzeugt werden, die jedoch nicht zu einer Auslösung führen. Erst wenn genügend viele kleine Brüche pro Flächeneinheit existieren, wird die Spannung an den noch ungebrochenen Stellen so groß, dass sich der Bruch fortpflanzt und das Brett abgeht. Welche der beiden Hypothesen stimmt oder ob sie beide vorkommen, lässt sich in der Praxis kaum feststellen. Die Differenzierung ist allerdings auch gar nicht so wichtig. Beide Sichtweisen kommen ja zu dem Schluss, dass das Anlegen immer neuer Spuren die Auslösewahrscheinlichkeit erhöht. Abfahren in immer derselben Spur (Spurfahren) reduziert das Risiko.

›› Im Hinblick auf die Auslösewahrscheinlichkeit ist Spurfahren die sicherste Abfahrtstaktik.

Apropos Spurfahren. Teilweise besteht die Ansicht, die erhöhte Kerbwirkung beim Spurfahren erhöhe die Auslösewahrscheinlichkeit. Dieser Ansicht muss widersprochen werden, da sie auf der Idee eines Zugrisses als Initialbruch basiert. Geht man vom basalen Scherbruch aus, stellt Spurfahren in Analogie zum Aufstieg keine Belastungszunahme dar. Andererseits ist Spurfahren stinklangweilig und jeder möchte seine eigene Spur ziehen. Normalerweise befindet man sich dabei weit genug von den anderen Fahrern entfernt. Kraftüberlagerungen sind nicht der Fall. Wegen des Scanning-Effektes sollten trotzdem große Sicherheitsabstände (weit jenseits der Überlagerungsthematik) eingehalten und steile Passagen einzeln befahren werden. Diese Maßnahmen bedeuten einen erheblichen Sicherheitsgewinn bei wenig Zeitaufwand.

► Seite 18

► Seite 29/30

›› Steile Hänge sollten einzeln oder mit großen Abständen befahren werden.

Kraftüberlagerungen können lediglich dann entstehen, wenn man eng im Pulk fährt und besonders wenn zwei Fahrer gleichzeitig nebeneinander abschwingen. Favorit in der Auslöse-Hitliste ist scharfes Abschwingen unmittelbar vor einer skikursgemäß aufgestellten Gruppe.

Lokale Brüche schwächen den Hang zunehmend.
► Seite 31

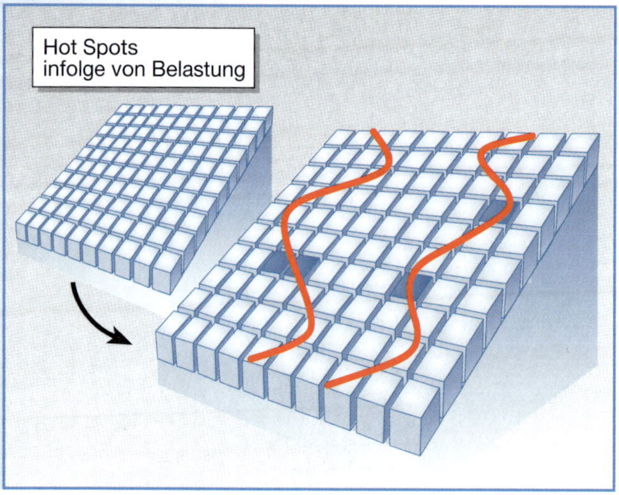

›› Abschwingen unmittelbar vor einer Gruppe führt zu hoher »punktueller« Belastung.

Fernauslösung

10 % der dokumentierten Lawinen sind Fernauslösungen. Ähnlich wie oben gibt es auch hier zwei Modellvorstellungen. Im Gegensatz zum Scanning kann man allerdings mit Sicherheit davon ausgehen, dass beide in der Realität existieren. Variante eins besteht darin, dass eine Auslösung über Schallwellen oder seismi-

Ein während der Abfahrt fernausgelöstes Schneebrett.

sche Wellen erfolgt. Beispielsweise kann ein abgehendes Brett an völlig unabhängigen Stellen weitere Bretter auslösen. Angeblich sind auch schon Bretter durch lautes Schreien ausgelöst worden. Variante zwei setzt einen Strukturbruch in ausreichend flachem Gelände voraus (»wumm«). Dieser Bruch pflanzt sich in steilere Hänge fort und führt dort zur Auslösung. Auch das Titelfoto zeigt eine solche Situation. Ich werde später noch darauf zurückkommen.

► Seite 51

► Seite 97, 100

» Fernauslösungen sind deutliche Alarmzeichen.

Das Foto beweist:
Der Scherbruch zieht sich bis zu den Spuren durch.
► Seite 25/26

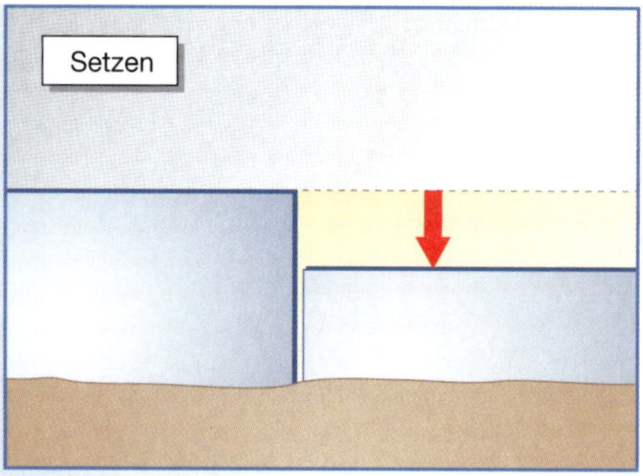

Schwerkraftbedingt setzt sich die Schneedecke im Lauf der Zeit.

Gleitschneebretter und »gespannte Falle«

Vorsicht, in diesem Kapitel kommt etwas Physik auf uns zu. Wer Physik zu abstrakt findet und auch wer die Frage der Bewegungen in der Schneedecke als zu »spannungsgeladen« einschätzt, liest lediglich die Tipps und dann noch den letzten Absatz. (▶ Seite 40)

Um die Bewegungen in der Schneedecke zu verstehen, muss man die Materialeigenschaften »plastisch«, »elastisch« und »spröde« unterscheiden. Ein plastisches Material deformiert sich und zeigt keinerlei Bestreben, nach einer Deformation wieder seine Ausgangsform einzunehmen (z. B. Knetmasse oder Honig). Beispiele für plastische Deformation im Schnee sind Setzen, Kriechen und Gleiten.

Schwerkraftbedingt führt Setzen zu einer Verringerung der Schneehöhe bei gleichzeitiger Verdichtung und Verfestigung. Vollzieht sich das Setzen in einem Hang, driftet die Schneedecke abwärts, und zwar die oberflächennahen Schichten mehr als die bodennahen. Die Basis der Schneedecke bleibt am Ort. Dieser Vorgang wird Kriechen genannt. Von Gleiten spricht man, wenn sich die Basis der Schneedecke talwärts bewegt. Gleiten setzt einen entsprechend glatten Untergrund voraus.

Ein elastisches Material (z. B. Gummi) nimmt nach einer Deformation wieder seine ursprüngliche Form an. Es steht also während der Deformation unter Spannung. Ein sprödes Material (z. B. Styropor) lässt sich nicht wesentlich deformieren, sondern bricht. In beiden Materialtypen können Spannungen entstehen. Elastische und spröde Materialien unterscheiden

Setzen im Hang führt zum Kriechen der Schneedecke.

Unten rechts: Bewegt sich die Basis der Schneedecke hangabwärts, spricht man von Gleiten.

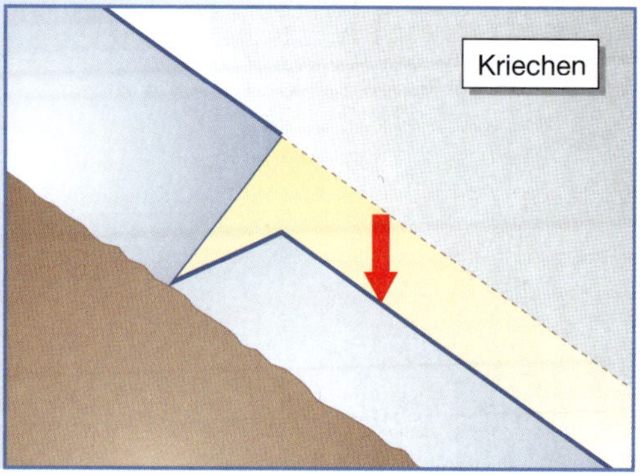

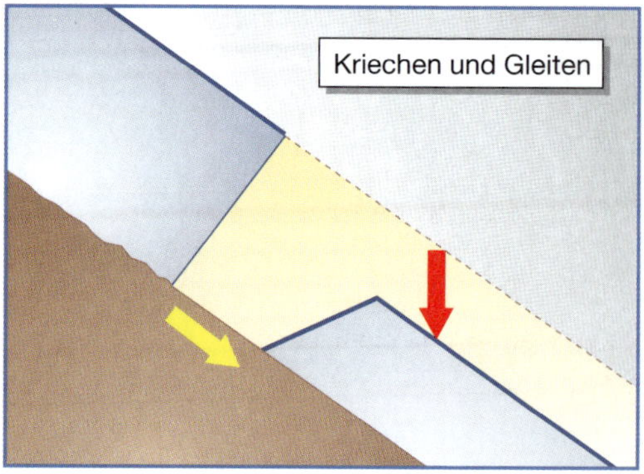

sich lediglich im Grad ihrer Deformationsfähigkeit. Auch spröde Materialien wie Beton lassen sich geringfügig dehnen und jeder Gummi reißt irgendwann. Ein Beispiel für elastisches Verhalten des Schnees ist die Bruchfront bei einem Schneebrettabgang. Sie breitet sich rasant aus und gehört zu einer Druckwelle, also quasi einer Schwingung im Schnee. Das nachfolgende Verhalten ist spröde. Der Schnee bricht in einzelne Schollen auseinander.

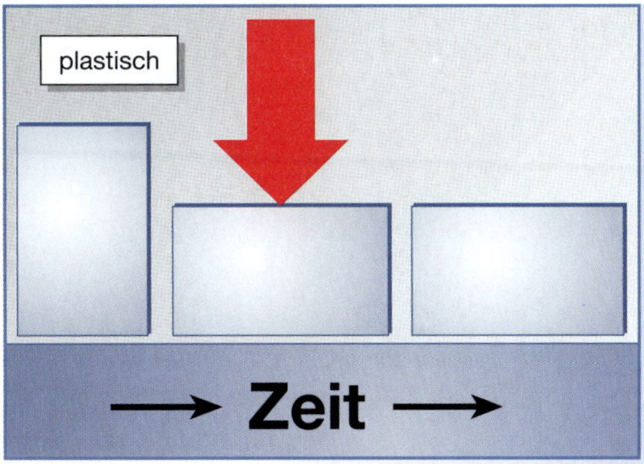

Spannungen

Schwerkraftbedingt existieren Spannungen in der Schneedecke. Das Eigengewicht des Schnees drückt auf die jeweilige Basis. Wir haben also Kraft pro Fläche und somit Spannung. In einer geneigten Ebene bewirkt dieser Effekt hangparallele Scherspannungen. Sie treten sowohl innerhalb der Schneedecke als auch an ihrer Basis auf. Diese durch das Eigengewicht bedingten Spannungen existieren überall und fortwährend. Interessant ist die Frage, inwieweit darüber hinaus zusätzliche Spannungen durch die genannten Bewegungen entstehen. Der Einfachheit halber werden die durch das Eigengewicht bedingten Spannungen im Folgenden vernachlässigt. Wenn von Spannungen gesprochen wird, sind immer die zusätzlichen Spannungen gemeint.

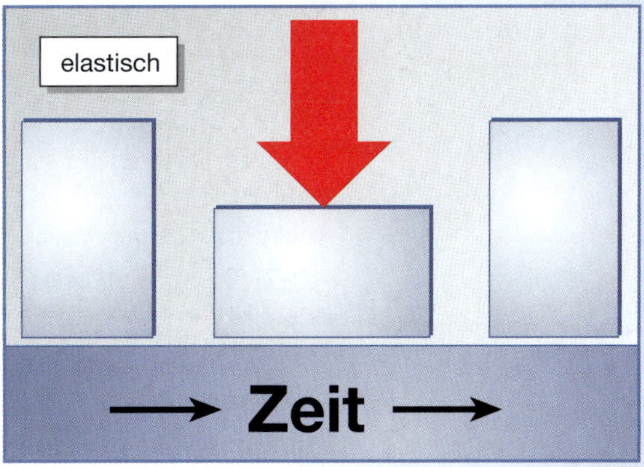

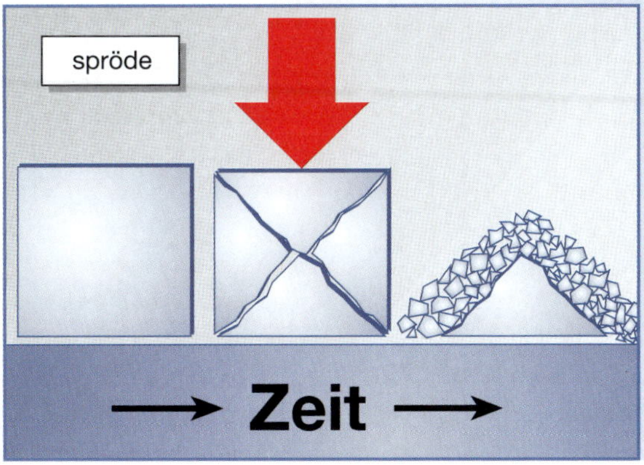

Oben: Plastisches Material bleibt nach der Deformation im deformierten Zustand.

Mitte: Elastisches Material nimmt nach einer Deformation wieder die ursprüngliche Form an.

Sprödes Material bricht.

Deformierter Schnee zeigt kein Bestreben, zu seiner ursprünglichen Form zurückzukehren.

Kriechen

Kriechen ist die Antwort der »zähen Flüssigkeit Schnee« auf die Schwerkraft. Es führt zu plastischer Deformation. Im Gegensatz zur elastischen Verformung zeigt plastisch deformiertes Material keine Tendenz, zu seiner ursprünglichen Form zurückzukehren. Kriechbewegungen in einem homogenen Schneepaket verursachen mithin keine zusätzlichen Spannungen.

» **In einem homogenen Schneepaket führt Kriechen nicht zum Aufbau zusätzlicher Spannungen.**

Gleiten

► Seite 28

► Seite 46

Beim Gleiten bewegen sich ganze Bereiche der Schneedecke auf einer gleitfähigen Unterlage, meistens Gras. Ähnlich wie bei Munters Würfelmodell kommt es dabei im oberen Bereich der gleitfähigen Zone zu Zugspannungen und am unteren Ende zu Druckspannungen. Früher oder später reißt die Schneedecke im Zugbereich. Ein schmaler Riss bildet sich. Im Zuge weiterer plastischer Deformation vergrößert sich der Riss und ein »Schneemaul« entsteht. Dieser Prozess vollzieht sich vorzugsweise bei feuchtem Schnee, kommt aber auch bei Temperaturen unter 0 °C und trockenem Schnee vor. Wird die Gleitgeschwindigkeit zu groß, bricht die Schneedecke auch im Druckbereich und ein »Gleitschneebrett« geht ab.

» **Ein in Bewegung befindliches Schneemaul kann zu einem Gleitschneebrett führen.**

Bei anhaltend warmen Temperaturen wird ein Schneemaul zunehmend instabil. Während der warmen Phase ist das Schneemaul also gefährlich. Der bereits langsam kriechende Schnee kann sich jederzeit als feuchtes Gleitschneebrett in Bewegung setzen. Friert die Schneedecke nach der Warmperiode wieder durch, besteht keine Lawinengefahr mehr. Gutmütig klaffen die Schneemäuler in der Landschaft und die einzige Gefahr besteht darin, in sie hineinzufallen.

» **Schneemäuler sind nur bei hohen Temperaturen gefährlich. Sobald die Schneedecke wieder gefroren ist, sind sie harmlos.**

Fassen wir die Frage der zusätzlich infolge des Gleitens entstandenen Spannungen zusammen. Wir betrachten dazu ein homogenes Schneepaket. Wir haben festgestellt, dass erhöhte Zug- und Druckspannungen existieren. Diese resultieren aus der Tatsache, dass ein gewisser Bereich der Schneedecke gleiten kann und sozusagen wie ein Hot Spot wirkt. Die Masse des gleitfähigen Schnees muss oben und unten gehalten werden. Dadurch ent-

Am oberen Rand eines gleitfähigen Bodenbereiches (gelb dargestellt) entstehen zusätzliche Zugspannungen. Am unteren Rand zusätzliche Druckspannungen (1).
Wird die Zugfestigkeit überschritten, reißt die Schneedecke und ein Schneemaul bildet sich (2).
Am unteren Rand des gleitfähigen Bodenbereiches kommt es zu plastischer Deformation (3).
Wird die kritische Deformationsgeschwindigkeit überschritten, geht die Schneedecke als Gleitschneebrett ab (4).

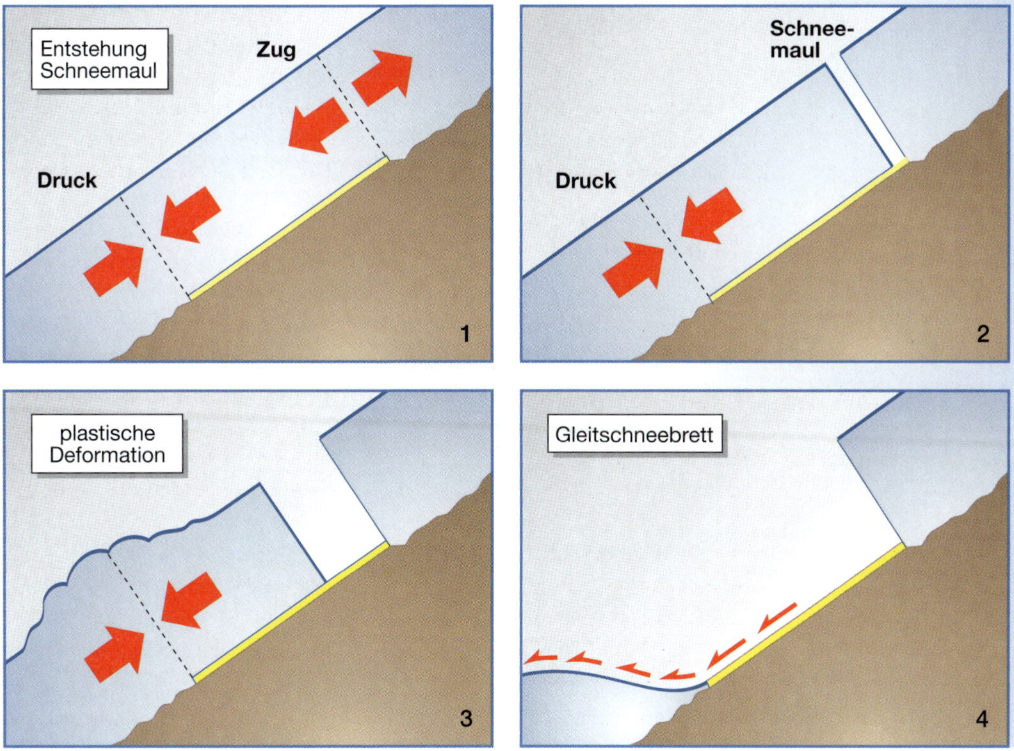

Schneemaul (links) und Gleitschneebretter

stehen die zusätzlichen Spannungen. Die Gleitbewegung ist somit eine Folge der Spannungen und nicht ihre Ursache.

Spröde auf kriechfähig

Die Sache wird aber noch komplizierter. Wie die Beispiele zeigen, kann sich Schnee sowohl plastisch als auch elastisch oder spröde verhalten. Er kann sich aber auch plastisch und zugleich elastisch verhalten. Dabei kriecht er mit einer gewissen Geschwindigkeit und baut trotzdem noch Spannungen auf.

Dem aufmerksamen Leser wird nicht entgangen sein, dass hier ein Widerspruch vorzuliegen scheint. Einerseits habe ich behauptet, Kriechvorgänge innerhalb einer homogenen Schicht würden nicht zum Aufbau von Spannungen führen. Andererseits seien Kriechbewegung und Spannungsaufbau auch gleichzeitig möglich.

Des Rätsels Lösung besteht darin, dass unterschiedliche Schneearten unterschiedlich reagieren bzw. unterschiedlich schnell kriechen können. Betrachten wir eine Triebschneeablagerung. (▶ Seite 45) In der darunterliegenden Schneeschicht finden Kriechvorgänge statt, und zwar abhängig von der Hangsteilheit. Die Triebschneeablagerung ist durch Windeinwirkung dicht gepackt und insofern weniger plastisch als der darunter liegende Schnee. Der Altschnee kriecht, der Triebschnee kriecht langsamer. In konvexen Hangbereichen wird er dadurch in die Länge gezogen. Für einen gewissen Zeitraum ist der Triebschnee also wie ein Gummi gespannt. Klar, dass er nur noch auf die kleinste Störung wartet, um abzubrettern.

»» Triebschnee auf kriechfähigem Altschnee kann zur »gespannten Falle« führen.

Der hier dargestellte Vorgang darf nicht mit der »gespannten Falle« von Werner Munter[1]) verwechselt werden. Sein Modell besagt, die Schneedecke sei im Hang aufgehängt, fließe langsam abwärts, erzeuge dabei Span-

1) Munter (1997)

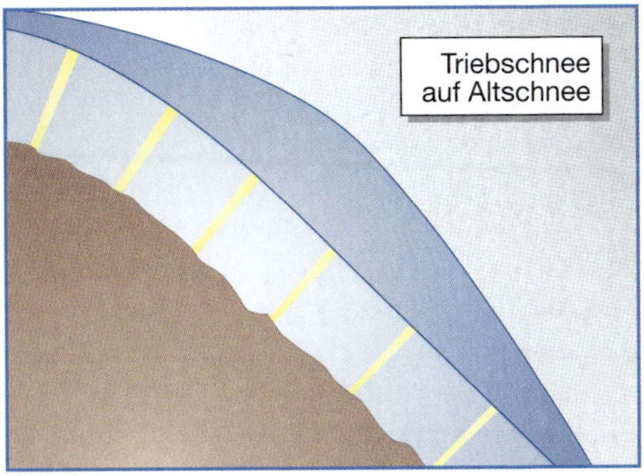

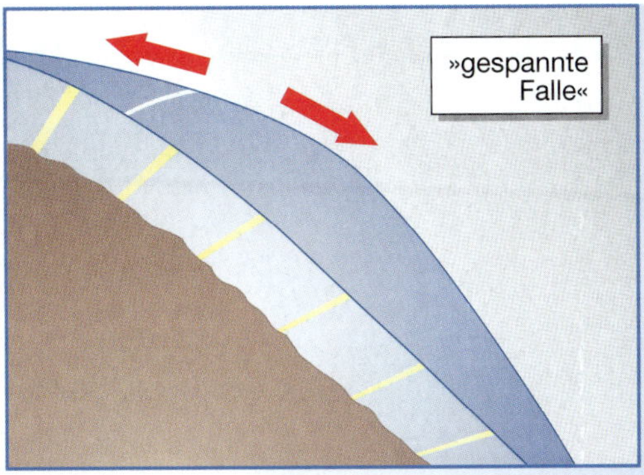

Triebschneelinse auf kriechfähigem Altschnee. Zur Verdeutlichung des Kriechvorgangs wurde der Altschnee blockförmig dargestellt.
Da der Altschnee im steilen Gelände mehr kriecht als im flachen, kommt es in konvexen Hangbereichen zu Spannungen im Triebschnee (Dehnung).

nungen und könne vom Gewicht eines Skifahrers explosionsartig ausgelöst werden. Aufgrund der freigesetzten Spannkraft erreiche das Schneebrett gleich vom ersten Moment an hohe Geschwindigkeiten. Munter ist sich bewusst, dass diese Vorstellung wissenschaftlichen Vorstellungen nicht gerecht wird, erachtet sie aber dennoch als »unübertroffen« im Sinne einer handlungsorientierten Lawinenkunde.
In diesem Punkt widerspreche ich. Eine derartig falsche Modellvorstellung muss in der Praxis zu Fehleinschätzungen führen. Die Schneedecke ist nicht aufgehängt, das Kriechen an sich verursacht keine Spannungen und es gibt auch keine explosionsartigen Entladungen. Die möglichen elastischen Dehneffekte in der Schneedecke liegen in der Größenordnung von

Beispiel einer Triebschneeablagerung (Wächtenkeil).
► Seite 75
Der Anriss zeigt, dass die Schicht nach rechts und links dünner wird (auskeilt).

Zentimetern. Es ist physikalisch ausgeschlossen, dass sie nennenswerte Beschleunigungen verursachen.

Doch zurück zum Thema Triebschnee auf Altschnee. Unabhängig von den Spannungsverhältnissen bedenke man die oft linsenartige Form. Randstabilitäten fehlen weitgehend. Die stark wechselnde Dicke des Triebschnees führt zu einer im Sinne der relativen Sichtweise idealen Schneebrettform. Die dünnen Randbereiche eignen sich ausgezeichnet für Initialbrüche und ein erfolgter Scherbruch hat optimale Ausbreitungsvoraussetzungen in die dickeren zentralen Bereiche hinein. Triebschneeansammlungen sind in dieser Betrachtungsweise also für Schneebretter prädestiniert. Die Frage nach den Spannungsverhältnissen scheint da gar nicht mehr so wichtig. Die Bedeutung interner zusätzlicher Spannungen dürfte bislang überschätzt worden sein. Schneebretter jedenfalls funktionieren auch ohne sie.

▶ Seite 22 ff.

» **Triebschneelinsen sind unabhängig von der Frage der Spannungen für Schneebretter prädestiniert.**

Schneeumwandlung

Schnee wird im Lauf der Zeit umgewandelt. Je nach Verhältnissen gibt es vier unterschiedliche Prozesse. Es handelt sich um abbauende und aufbauende Umwandlung, um Schmelz- und Windumwandlung.

Neuschnee. Zu erkennen sind die sechseckigen (hexagonalen) Schneekristalle.

Abbauende Umwandlung

Der friedfertigste dieser Prozesse ist die abbauende Umwandlung. Dabei gehen die ursprünglichen Schneekristalle zunächst in den sogenannten filzigen Schnee und anschließend in rundkörnigen Altschnee über. Die etwa einen Millimeter großen Körner sind gut miteinander verbunden und bilden ein stabiles Schneepaket. Die abbauende Umwandlung benötigt einigermaßen konstante Temperaturen in der Schneedecke. Man spricht von einem geringen Temperaturgradienten (Temperaturunterschied/Schichtdicke). Da Schnee relativ gut isoliert, herrschen an der Basis der Schneedecke praktisch immer Temperaturen um 0 °C. Es darf also nicht zu kalt sein, wenn sich der Schnee abbauend umwandeln soll. Besonders bei wenig Schnee führen Minusgrade schnell zu einem hohen Gradienten. Bei gleicher Temperatur und viel Schnee ist er geringer.

Die aufbauende Umwandlung führt zu kantigen Kristallformen.

» **Die abbauende Umwandlung liefert stabilen, gut gesetzten Altschnee.**

» **Große Kälte verhindert diesen Umwandlungsprozess.**

Aufbauende Umwandlung

Die aufbauende Umwandlung macht uns das Leben schwer. Sie setzt ein, wenn das Temperaturgefälle in der Schneedecke groß genug wird. Es entstehen zunächst kantige Formen und schließlich sogenannter Schwimmschnee mit bis zu fünf Millimeter großen, neu gewachsenen Kristallen. Die einzelnen Kristalle sind nicht oder nur schlecht miteinander verbunden. Oberflächennah aufgebauter Schnee rieselt von vorneherein zwischen den Fingern durch und wird als Pulverschnee bezeichnet. Schnee, der in größerer Tiefe aufgebaut wurde, zeigt wenigstens einen schwachen Verbund zwischen den Kristallen. Wird der Verbund zerstört, erhält man wieder das Rieselresultat.

» **Aufgebauter Schnee besitzt wenig Stabilität. Er kann nicht zu einem Schneeball geformt werden, sondern rieselt.**

An der Basis der Schneedecke findet sich praktisch immer eine gewisse Menge Schwimmschnee. Die davon ausgehende Gefahr wird häufig überschätzt. Nehmen wir einen Untergrund an, der Gleitvorgänge verhindert – beispielsweise Geröll –, dann sind trockene Schneebretter mit Bruch in der untersten Schwimmschneeschicht eine Rarität.

► Seite 36/37

» Schwimmschnee am Boden bedeutet nicht zwingend eine Gefährdung.

Das kritische Temperaturgefälle für die aufbauende Umwandlung wird mit 0,25 °C/cm angegeben.[1]) Das bedeutet, dass ein Meter Schnee ab etwa –25 °C vollständig aufgebaut wird. Je dünner die Schneedecke ist, desto geringer ist die erforderliche Kälte. In der Praxis sinkt man am Rand einer auskeilenden Schneedecke oft bis auf den Grund durch. Man hat den dickeren Bereich mit abgebautem Schnee verlassen und den dünneren Bereich mit aufgebautem Schnee betreten. Eine dünne Schneedecke von einem halben Meter wird bereits ab –13 °C vollständig aufgebaut. Erinnern Sie sich noch an den Surgonda-Unfall. Das Brett wurde im linken Teil des Hanges ausgelöst. Auch die Altschneedecke war dort dünner und im Gegensatz zum rechten Hangbereich aufgebaut und weich.

► Seite 39

► Seite 8/9

Temperatursprünge

In einer Schneedecke mit unterschiedlicher Schneehärte werden hohe Temperaturgradienten noch durch einen weiteren Effekt begünstigt. Harter Schnee enthält mehr Eispartikel als weicher Schnee. Er ist somit besser wärmeleitfähig. Anders herum ist weicher Schnee der bessere Isolator. In einer Schneedecke mit unterschiedlich harten Schichten wird sich also kein konstanter Temperaturgradient entwickeln, sondern die harten Schichten werden einen geringeren und die weichen Schichten einen höheren Tem-

Bei einem Meter Schnee und einer Oberflächentemperatur von – 10 °C beträgt der Gradient 0,1 °C/cm. Bei 50 cm Schnee beträgt er das Doppelte.

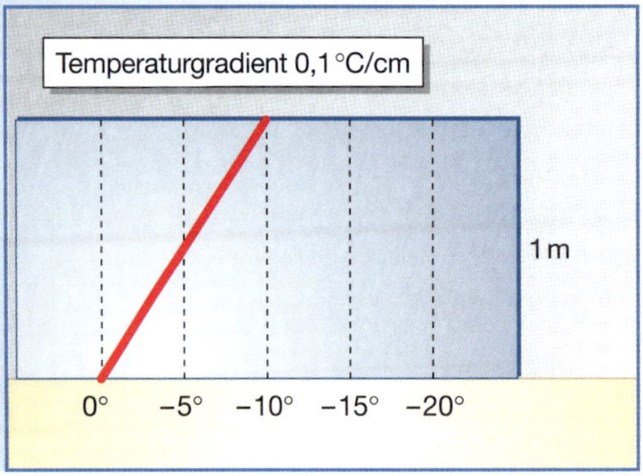

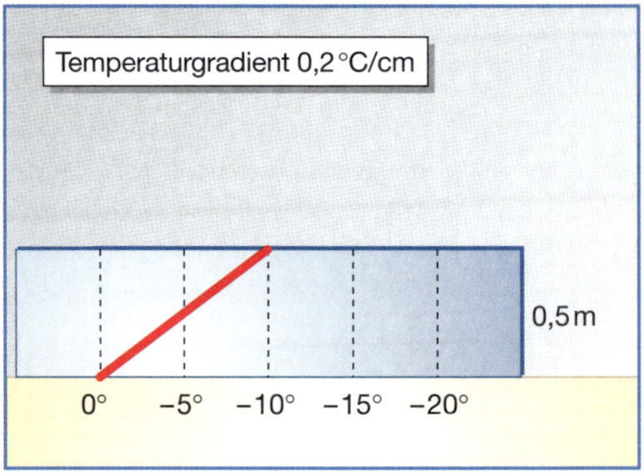

peraturgradienten aufweisen.[2]) Durch diesen Effekt kann es innerhalb der Schneedecke lokal zu aufbauender Umwandlung kommen, obwohl das Temperaturgefälle dafür insgesamt nicht ausreicht. Bestehende Härteunterschiede können noch verstärkt werden. Der Effekt erleichtert das Verständnis für die statistische Tatsache, dass der Bruch oft innerhalb der Altschneedecke erfolgte. (▶ Seite 104)

» Weiche Schichten unter Harschplatten werden verstärkt aufbauend umgewandelt.

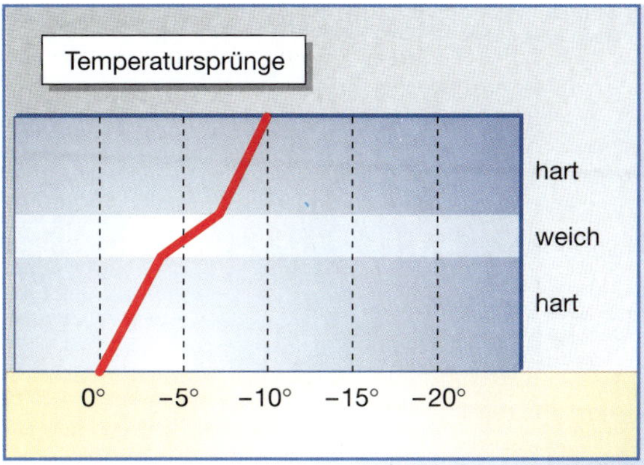

Weicher Schnee mit hohem Luftgehalt isoliert besser als harter Schnee. Daraus resultiert ein entsprechend höherer Temperaturgradient.

An dieser Stelle nochmals ein Wort zum Oberflächenreif. Er ist kein Umwandlungsprodukt, sondern bildet sich in kalten, klaren Nächten. Es muss genügend Luftfeuchtigkeit vorhanden sein. Die Feuchtigkeit kondensiert an der durch Abstrahlung unterkühlten Schneeoberfläche. Man findet Oberflächenreif gerne in schattigen Flussniederungen und in der Nähe von Wald. Auch in kammnahen Leebereichen kommt er vor.[3])

» Oberflächenreif entsteht vorzugsweise in schattigen Flussniederungen, in der Nähe von Wald und im kammnahen Leebereich.

Schmelzumwandlung

Bei Temperaturen über 0 °C entsteht pappiger Schnee. Nach dem Wiedergefrieren bildet sich Schmelzharsch. Auch Sonneneinstrahlung oder Regen können Schmelzharsch zur Folge haben. Massive Schmelzharsch-Schichten stabilisieren die Schneedecke außerordentlich. Sie verteilen punktuelle Zusatzbelastungen auf große Flächen und reduzieren somit die an ihrer Basis übertragenen Spannungen.

» Massive Schmelzharsch-Schichten stabilisieren die Schneedecke.

Vorsicht ist aber bei dünneren Harsch-Schichten geboten. Unterhalb kommt es verstärkt zu aufbauender Umwandlung.

1) Salm (1982)
2) Jamieson (1993)
3) Die Erklärung dafür stammt von Paul Nigg (Munter 1997). Auf der Luvseite nach oben bewegte Luft enthält wegen ihrer adiabatischen Abkühlung viel relative Feuchtigkeit. Dieser Effekt ermöglicht die Reifbildung im kammnahen Lee.

Firnabfahrt.
Auf den richtigen Zeitpunkt kommt es an.

Wird oberflächlicher Harsch im Tagesverlauf erwärmt, so spricht man von Firn. Der Profi spekuliert genau, wann er wo den idealen Firn antrifft und wählt nach diesen Überlegungen den Startzeitpunkt für seine Tour.

Windumwandlung

Als letzter Prozess ist die Windverfrachtung zu beschreiben. Durch sie werden die ursprünglichen Schneekristalle in kleinere Splitter zerlegt. Die

Wächten und großflächige Dünen.
Woher wehte der Wind?
► Seite 74

Gangeln und kleine Düne.

Woher wehte der Wind?

▶ Seite 74

Verfrachtung kann sowohl bereits während des Schneefalls als auch nachträglich erfolgen. Das Produkt heißt Triebschnee. Wegen der mechanischen Zerkleinerung der Schneekristalle ist Triebschnee relativ kompakt und schwer. In weniger exponierten Bereichen führt Wind zur Bildung flacher Dünen. Der Schnee ist gebunden, aber deutlich lockerer als typischer Triebschnee.

Bei nachträglicher Verfrachtung wird zuvor abgelagerter Schnee erodiert. Übrig bleiben Windgangeln. Der weggeblasene Schnee wird in Bereichen mit geringerer Windgeschwindigkeit abgelagert. Dieser Prozess kann das Schneebrettrisiko auch mehrere Tage nach dem letzten Schneefall noch ansteigen lassen.

» **Windverfrachtung kann selbst Tage nach dem letzten Schneefall noch zu einem Gefahrenanstieg führen.**

▶ Seite 75

Die Umwandlungsarten und ihre Produkte.

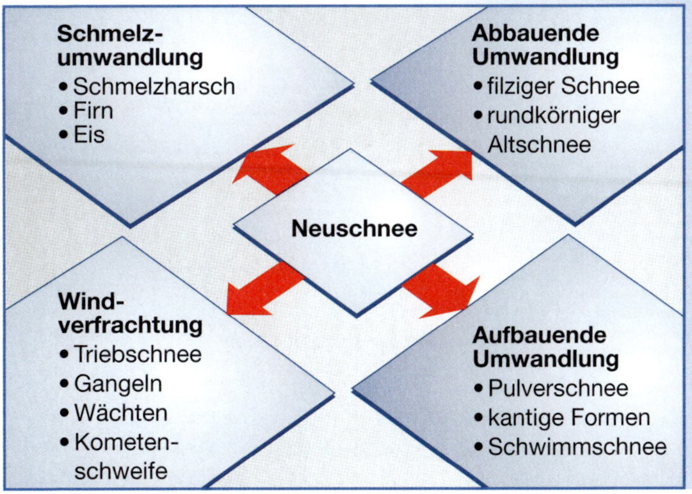

Kritische Deformationsgeschwindigkeit

Irgendwie erinnert mich dieses Thema an die Denksportaufgabe, die sagt, Achilles könne eine Schildkröte nicht überholen. Zu dem Zeitpunkt, an dem Achilles dort ankommt, wo die Schildkröte gerade war, sei sie ja schon ein Stück weiter. Erreicht Achilles den nächsten Punkt, sei die Schildkröte schon wieder ein kleines Stückchen weiter. Und so weiter – wo steckt der Fehler? Es wird häufig erwähnt, dass Schnee bei schneller Deformation deutlich geringere Bruchwerte aufweist als bei langsamer Deformation. Dies ist eine gesicherte wissenschaftliche Erkenntnis. Weniger wissenschaftlich ist die übliche Interpretation. Wie langsam ist langsam und wie langsam ist »schnell«?

Das Deformationsverhalten wurde unter anderen von Narita untersucht.[1]) Das nicht ganz einfach zu interpretierende Diagramm, das seine Ergebnisse zusammenfasst, besagt Folgendes: Die maximale Bruchfestigkeit von Schnee ergibt sich bei einer Dehngeschwindigkeit von 10 % Probenlänge pro circa 16 Minuten. Der Bruch erfolgt bei 5 % Dehnung, also nach etwa 8 Minuten. Bildlich gesprochen heißt das, dass sich ein 20 Zentimeter langes Schneestück innerhalb von 8 Minuten um einen Zentimeter dehnen lässt, bevor es bricht. So weit, so gut. Doch jetzt kommt die »schnelle Deformation«. Der reduzierte Bruchwert und somit die kritische Deformationsgeschwindigkeit wird bei 10 % Dehnung pro 100 Sekunden erreicht. Das heißt, ich beabsichtige mein 20 Zentimeter langes Schneestück im Lauf von 100 Sekunden um 2 Zentimeter zu dehnen. Leider bricht es dabei schon nach 5 Sekunden und einem Millimeter Dehnung. Und zwar bei einer wesentlich geringeren Kraft als vorher.

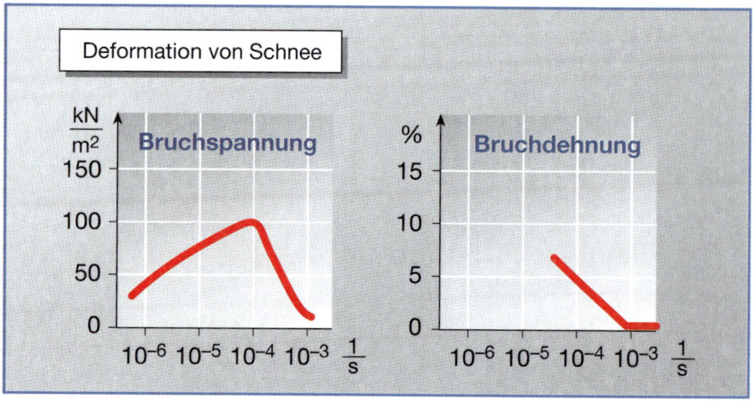

Zugversuche von Narita (1980). Die Dehngeschwindigkeit wurde durch die Probenlänge dividiert. Dadurch ergibt sich die Dimension in 1/s (und nicht m/s).

Drehen wir das Ganze um und stellen uns vor, dass wir eine 20 Zentimeter dicke Schneedecke innerhalb von 8 Minuten um einen Zentimeter komprimieren. Dann sind wir im Bereich maximaler Bruchfestigkeit. Sinkt man beim Gehen in den Schnee ein, werden beispielsweise 20 Zentimeter Neuschnee in einer Sekunde auf 10 Zentimeter komprimiert. Sofern man also im Rahmen von Gehbewegungen auch nur geringfügig in den Schnee einsinkt, liegt man um mehrere Zehnerpotenzen über der kritischen Deformationsgeschwindigkeit.

»» **Jede in der Praxis auftretende Beeinflussung der Schneedecke durch Tourengeher bewirkt immer nur Brüche und nie plastische Deformationen.**

Die tatsächlichen Größenordnungen dieser Geschwindigkeiten sind hier deshalb so ausführlich dargestellt, weil ich selbst lange der Ansicht war, Schnee breche auf Schläge hin leichter als bei konstanter Krafteinwirkung. In Wirklichkeit dürfte dieser subjektive Eindruck darauf beruhen, dass man die Kraftspitzen von Schlägen einfach unterschätzt. Nehmen Sie einen kleinen Hammer und schlagen sich damit auf einen Daumen. Anschließend pressen Sie den Hammer auf den Daumen der anderen Hand, und zwar so fest, dass Sie die gleiche Schmerzempfindung haben wie vorher. Wetten, dass Sie dafür ganz schön fest drücken müssen. Zur Kontrolle betrachten Sie anschließend Ihre Daumen. Gleiche Blaufärbung zeigt an, dass das Experiment erfolgreich war.

Selbstauslösung

Bruno Salm und Hans Gubler[2]) haben bereits in den achtziger Jahren ein sehr interessantes Modell für die Selbstauslösung von Schneebrettern entwickelt. Sie gehen davon aus, dass die kritische Deformationsgeschwindigkeit innerhalb der Schneedecke erreicht werden muss. Mit einer hochkomplexen mathematischen Formel stellen sie fest, dass dieser Fall in einer homogenen Schneedecke erst bei rund 10 Meter Schneeüberlagerung eintritt. Es muss also superschwache Bereiche im Hang geben (eben die schon behandelten Hot Spots). Die für eine Selbstauslösung erforderliche Größe wird auf einen Mindest-

Für die Selbstauslösung muss ein kleiner Hot Spot vorausgesetzt werden.

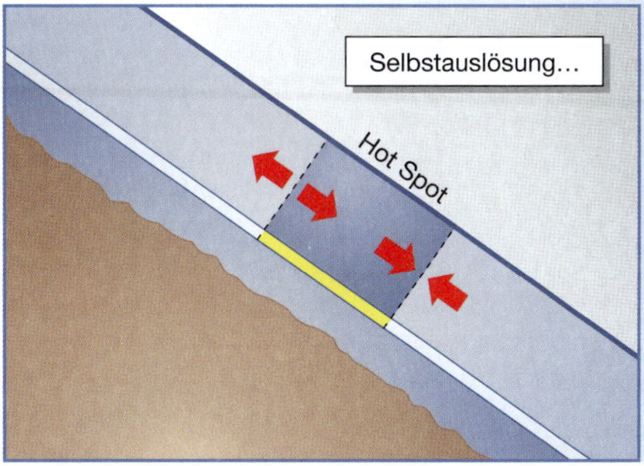

1) Narita (1980) 2) Gubler/Salm (1992)

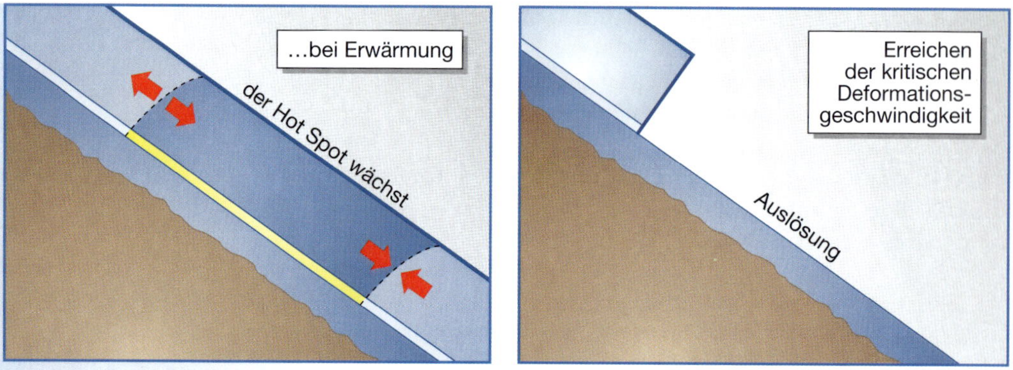

Erwärmung führt zu oberflächennahem Kriechen und zum Wachsen des Hot Spots. Wird die kritische Deformationsgeschwindigkeit erreicht, kommt es zur Selbstauslösung.

durchmesser von 5 bis 10 Metern berechnet. Gubler schließt aus weiteren wissenschaftlichen Untersuchungen, dass es bei entsprechenden Deformationsraten in der Schneedecke zu kleinen Scherbrüchen in der Größenordnung von 10 Zentimetern bis zu einem Meter kommt.

» Akute Selbstauslösungen sind deutliche Alarmzeichen.

Die Vorstellungen von Salm und Gubler können auch erklären, warum die Anzahl der Selbstauslösungen während der ersten Erwärmung nach einer Schneefallperiode sprunghaft ansteigt. Wie abgebildet kommt es bei Erwärmung zu einer erhöhten plastischen Deformation der Neuschneeschicht. Im Bereich eines kleinen Hot Spots nimmt auch die Scherbewegung an der Neuschnee-Altschnee-Grenze zu. Der Hot Spot beginnt zu wachsen. Dadurch erhöhen sich wiederum die Zug- und Druckspannungen am oberen bzw. unteren Ende der basalen Bruchfläche. Der Scherbruch wächst mit zunehmender Geschwindigkeit weiter. Sobald er groß genug ist, wird die kritische Deformationsgeschwindigkeit im Zugbereich überschritten. Es kommt zum Zugriss und gleichzeitig zu einer erwärmungsbedingten Auslösung.[1])

► Seite 28

» Während der ersten Erwärmung nach einer Schneefallperiode steigt die Schneebrettgefahr.

Nach Salm und Gubler hat ihr Modell für die Selbstauslösung von Schneebrettern Gültigkeit. Leider wurden ihre Ideen in den neunziger Jahren auch

1) Für diese Betrachtung muss die kritische Deformationsgeschwindigkeit im Bereich des Hot Spots überschritten werden. Dadurch vermindert sich die basale Festigkeit und die randlichen Spannungen innerhalb der Schicht nehmen zu. Diese Spannungszunahme ist wiederum die Voraussetzung für das Wachsen des Hot Spots. Durch die höhere Viskosität der erwärmten Neuschneeschicht gegenüber der Neuschnee-Altschnee-Grenze erfolgt der basale Scherbruch bereits bei geringerer Deformationsgeschwindigkeit als der Zugriss.

für Skifahrerlawinen zugrunde gelegt. Für Fremdauslösungen dürften diese Vorstellungen aber nicht zutreffen. Mehrere Gründe sprechen dagegen.[2]) Verzichtet man im Zusammenhang mit Fremdauslösungen auf diese Vorstellungen, so lautet die Konsequenz:

» **Für eine Schneebrettauslösung durch Tourengeher ist kein Hot Spot erforderlich.**

Vibrationen und Klang

► Seite 35

Wie schon gesagt wurde, kann Schnee schwingen. Die Eigenschwingungen der Schneedecke haben Frequenzen im Bereich von Schallwellen. Es kommt vor, dass sich die Schneedecke hohl anfühlt oder einen dumpfen Klang besitzt. Sie hat in solchen Fällen meist eine eher harte Oberfläche. Man hat beim Auftreten nicht die Empfindung, dass die Schneedecke stabil ist, sondern sie vermittelt federnde Instabilität. Bewegt man sich auf einer gut gesetzten Schneedecke, so spürt man, wie die Ski etwas in die weiche Oberfläche eindringen oder ohne einzudringen satt aufliegen. Man spürt keine Vibrationen.
Zum Spüren von Vibrationen eignet sich besonders der Moment, an dem man den Absatz auf Ski oder Steighilfe aufsetzt. Um die Schneedecke zu prüfen, kann man den Absatz etwas härter aufsetzen. Dabei werden Schwingungen provoziert und wahrnehmbar. Die Existenz von Vibrationen assoziiere ich mit einer weichen oder sehr weichen Schicht innerhalb der Schneedecke. Sie gestattet es den darüberliegenden Schichten, auf einen Impuls hin kurzzeitig mit ihrer Eigenfrequenz zu schwingen. Das ist natürlich ungünstig. Wie wir wissen, sind weiche Schichten innerhalb der Schneedecke immer kritisch.

» **Dumpfer Klang bzw. Federn der Schneedecke sollte als Alarmzeichen gewertet werden.**

---

2) Einige Gründe, warum Salms Modell für die Selbstauslösung von Schneebrettern nicht für Fremdauslösungen gilt:
Wie auf Seite 21 dargelegt, kann ein Skifahrer in 50 cm Tiefe kleinräumig Zusatzspannungen von maximal ca. 1,5 kN/m^2 erzeugen. Auf einen Quadratmeter bezogen ist dies in etwa das Eigengewicht der betreffenden Schneeschichten. Ein Initialbruch kann also durchaus auch in einem Bereich mit Stabilitätswert größer eins erfolgen.
Zweitens handelt es sich bei einer Fremdauslösung um einen konkret initiierten Bruch, der nicht durch plastische Deformation verursacht ist. Die erforderlichen Kräfte liegen also um bis zu eine Zehnerpotenz unter denen, die für eine langsam initiierte Selbstauslösung erforderlich sind.
Und drittens werden die Zusatzspannungen durch einen Skifahrer auf die relativ kleine Fläche von 1–5 m^2 übertragen (vgl. Seite 29). Ganz offensichtlich ist eine Fläche dieser Größenordnung ausreichend, um einen fortpflanzungsfähigen Initialbruch zu ermöglichen. Wäre sie es nicht, könnte man ja überhaupt keine Schneebretter auslösen.

Noch ein paar Worte zur Frequenz. 1998 habe ich im Rahmen der Sanierung des Münchner Olympiastadions mitgeholfen, Sicherheitsnetze unter der riesigen Zeltdachdecke zu installieren. Es faszinierte mich damals, dass sich die massiven Trageseile, rund 10 Zentimeter dicke Stahlmonster, durch relativ geringe, zeitlich exakt dosierte Impulse in Schwingungen versetzen lassen. Für mich wurde damals plastisch, dass Brücken einstürzen können, wenn sie von Soldaten im Gleichschritt begangen werden und deren Schrittfrequenz zufällig die Eigenfrequenz des Bauwerks trifft. Die Eigenfrequenz von Brücken kann durchaus im Bereich der Schrittfrequenz liegen. Hingegen ist die Schneedecke nicht mit einer freispannenden Konstruktion vergleichbar. Sie liegt mehr oder weniger flächig am Boden auf. Ihre Eigenfrequenz bewegt sich im Bereich von Schallwellen und diese liegen mindestens zwei Zehnerpotenzen über der Schrittgeschwindigkeit.

›› Die Schneedecke kann nicht durch rhythmisches Gehen oder Kurzschwingen aufgeschaukelt werden.

Andererseits erscheint es in diesem Zusammenhang vorstellbar, dass kritische Hangbereiche durch Fluglärm oder sonstige laute Geräu-

Rhythmisches Schwingen

sche in Schwingung versetzt werden. Möglicherweise sind also etliche von uns als Selbstauslösungen interpretierte Lawinenabgänge in Wirklichkeit Fremdauslösungen.

Wumm

Übrigens entsteht der Klang von Lautsprechern dadurch, dass eine Membran in Schwingung versetzt wird. Das Wumm-Geräusch läßt sich genauso erklären. Der Strukturbruch führt zu einer plötzlichen Setzung und somit zu einer kurzen »Vibration«. Wumm tönt es aus dem Riesenlautsprecher. Das Gerücht, Wumm-Geräusche entstünden durch Auspressen von Luft, können Sie vergessen. Es würde ja auch niemand behaupten, ein Lautsprecher funktioniere durch Auspressen von Luft.

► Seite 18

Hangsteilheit

Die Statistik zeigt, dass die überwiegende Anzahl aller Unfälle in steilen, 35–45° geneigten Hängen passiert. Unterhalb von 30° Neigung sind so gut wie keine Unfälle dokumentiert. Oberhalb von 45° ist kaum jemand mit Ski unterwegs. Die Unfallstatistik bietet also Grund genug, sich über Hangsteilheiten Gedanken zu machen. Wie steil ist der Hang, in dem ich mich gerade bewege?

Anhand der Karte kann man die Durchschnittsneigung von Hängen berechnen oder grafisch ermitteln. Des Weiteren kann man die Durchschnittsneigung zwischen zwei Höhenlinien (Äquidistanz 20 Meter) mit einem Hangneigungsmaßstab recht genau ablesen. Und dann kann man noch im Hang Schätzungen oder punktuelle Messungen vornehmen.

Für die Schneebrettauslösung ist nicht die Durchschnittsneigung, sondern die »steilste Hangpartie« maßgeblich. Mit der steilsten Hangpartie sind allerdings nicht kleine Stufen von ein bis zwei Metern gemeint. Üblicherweise wählt man die Äquidistanz der Höhenlinien und definiert die steilste Hangpartie als Durchschnittsneigung in einem 20-Höhenmeter-Intervall.

Steilheitsbestimmungen anhand der Karte funktionieren bei gleichmäßig steilen Hängen sehr gut. Ist der Hang wellig, spricht man von einem S-Profil. In diesem Fall

Bei S-Profilen ist die tatsächliche Steilheit passagenweise deutlich größer als der aus der Karte ablesbare Wert.

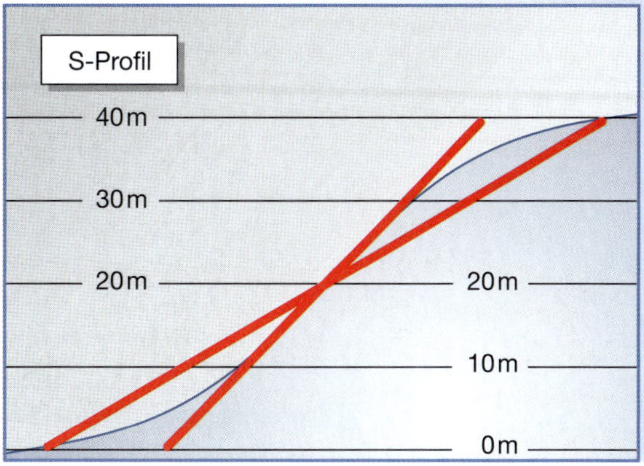

▶ Seite 10

kann die reale Steilheit durchaus 10° über dem Kartenwert liegen. Und zwar ohne weiteres über eine Höhendifferenz von 20 Metern. Damit wäre wieder eine Frage des Surgonda-Beispiels geklärt. Der Unfall zeigt exemplarisch, dass die Problematik der S-Profile in der Praxis keinesfalls unterschätzt werden darf.

» **Bei S-Profilen ist die tatsächliche Steilheit größer als dies laut Karte zu erwarten wäre.**

▶ Seite 18

▶ Seite 49

Außer in gleichmäßig geneigten Hängen ist es nicht möglich, die steilste Hangpartie anhand der Karte zu ermitteln. Wir müssen sie vor Ort schätzen oder messen. Exakte punktuelle Messungen sind mit dem Neigungsmesser möglich, der in vielen Bussolen enthalten ist. Exakte Neigungsmessungen über eine Äquidistanz von 20 Metern erfordern hingegen erhebliche geodätische Fähigkeiten. Für den Tourengeher ist eine exakte Bestimmung der steilsten Hangpartie im Gelände daher schwierig. Auch muss man die Frage stellen, ob das 20-Höhenmeter-Intervall nicht zu groß gewählt wurde. Bekanntermaßen pflanzt sich der Initialbruch von einem relativ kleinen Bereich aus fort. Es wird kein großer Hot Spot benötigt, um ein Brett auszulösen. Diese Überlegungen führen zu dem Schluss, dass man die Frage der steilsten Hangpartie nicht allzu pedantisch betrachten sollte. Es kann hier nicht um exakte Zahlenwerte, sondern lediglich um Größenordnungen gehen.

» **Auch Steilstufen mit weniger als 20 Meter Höhendifferenz können gefährlich sein.**

Hangsteilheiten bestimmen

Über die Frage der steilsten Hangpartie lässt sich streiten. Unabhängig davon macht es Sinn, Hangsteilheiten beurteilen zu können. Häufiges Schätzen trainiert diese Fähigkeit. Um die Schätzwerte zu überprüfen, kann man einen Neigungsmesser benützen oder die Skistöcke. Mit dem ersten Stock macht man einen Abdruck in den Schnee (in Richtung des Fallens). Der Griff ist unten. Als nächstes hebt man den Griff des Stockes an, und zwar so, dass der Teller an Ort und Stelle bleibt.
Nun wird das Griffende des zweiten Stockes am Griffende des ersten Stockes angelegt. Man hält dabei den zweiten Stock so locker wie möglich. Er soll sich lotrecht einpendeln. Ist dies erfolgt, senkt man die beiden Stockenden gemeinsam ab. Der Teller des ersten Stockes bleibt nach wie vor an Ort und Stelle. Der zweite Stock pendelt frei.

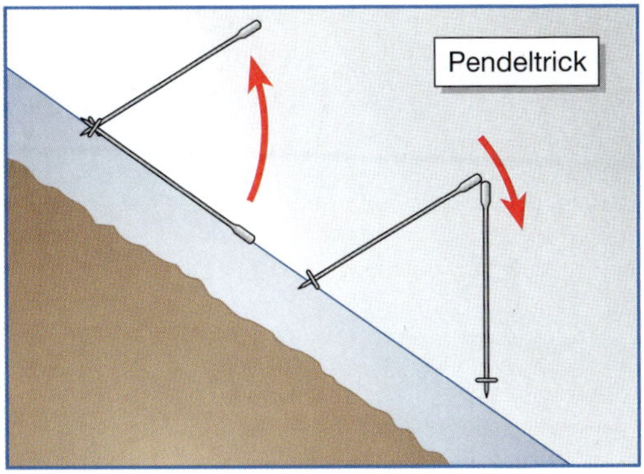

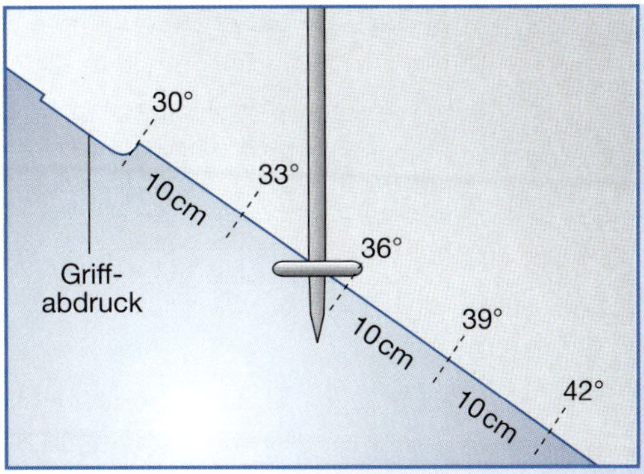

Steilheitsbestimmung mit dem Pendeltrick:
1. Abdruck im Schnee
2. Griff anheben
3. Zweiten Stock frei pendelnd dazuhalten
4. Griffenden gemeinsam absenken
5. Den lotrechten Stock frei pendelnd in Fallinie des Griffabdrucks einstechen lassen.

Die Stelle, an der die Spitze des zweiten Stockes in den Schnee einsticht, gibt die Steilheit an. Trifft sie das Griffende des Abdrucks, ist der Hang 30° steil. Je 10 Zentimeter Abweichung nach unten bedeuten 3° zusätzliche Steilheit. Analoges gilt für flachere Hänge. Bei 45° steilen Hängen beträgt die Abweichung 50 Zentimeter, der obere Stock ist waagerecht und das entstandene Dreieck rechtwinklig. Da bei der Methode das Senkrecht-Stehen des Stockes nicht geschätzt werden muss, sondern mit Hilfe der Schwerkraft ermittelt wird, heißt das Verfahren »Pendeltrick«.[1])

» Hangneigungen misst man mit dem Pendeltrick.

Randstabilitäten und Felsinseln

Randstabilitäten wurden bereits zu Beginn dieses Buches erwähnt. Dort wurde dargelegt, dass sie in der Regel von untergeordneter Bedeutung sind. Diese Thematik wird hier nochmals etwas differenzierter betrachtet. Es ist eine beliebte Rechenaufgabe, die Summe der Randfestigkeiten oder auch die Gesamtgröße der basalen Scherfestigkeit zu bestimmen. Solche Berechnungen sind aber ziemlich belanglos. Die Uraltvorstellung »Brett, wenn Spannungen größer Festigkeiten« hat wirklich längst ausgedient. Auch die Relation zwischen den Randfestigkeiten und der basalen Scherfestigkeit ist nicht erheblich. Je nachdem, welche Schneebrettgröße und welche Stabilitätswerte man annimmt, sind die Randfestigkeiten deutlich kleiner oder auch mal größer als die basale Festigkeit.

► Seite 16

► Seite 17

1) Die Methode gilt für eine Stocklänge von 125 cm (120 cm vom Teller bis zum Griffende). Die Berechnung erfolgt nach der Formel: Abweichung = $(2 \times \sin_{\text{Hangsteilheit}} - 1) \times 120$ cm. Längere oder kürzere Stöcke verursachen minimale Fehler. Bei dem dargestellten Verfahren handelt es sich um eine Weiterentwicklung meiner ursprünglichen Idee durch Matthias Huber. Der ursprüngliche Pendeltrick hatte 5° pro 10 cm horizontale Abweichung.

Bei großräumigen Geländeformen spielen Randstabilitäten keine Rolle.

Wie wir wissen, entsteht zunächst der Initialbruch in Form eines basalen Bruches. Erst danach bilden sich die sekundären Risse innerhalb der losgelösten Schicht. Dies bedeutet, dass die Randstabilitäten eine Auslösung nur dann verhindern können, wenn sie rundherum größer sind als die am jeweiligen Ort wirkende Hangabtriebskraft des (potentiellen) Schneebretts. Das kann nur bei relativ kleinräumigen Geländeformen und gleichzeitig dicken Schneeschichten der Fall sein.

► Seite 17/18

Am Piz Surgonda endete das Schneebrett auf der rechten Seite mitten im steilen Hang. Aufgrund der großen dort herrschenden Neuschneehöhe kann man davon ausgehen, dass die Randstabilitäten hier ausreichten, um die abgescherte Schneedecke am Ort zu halten. Es gibt jedenfalls keinen Grund dafür anzunehmen, dass der Scherbruch sich nicht weiter nach rechts ausgebreitet hat.

► Seite 9

»› Randstabilitäten dürfen ausschließlich bei großer Schneemächtigkeit und kleinräumigen Geländeformen als Sicherheitsindiz gewertet werden.

Das für Kare häufig benützte Argument, der Hang werde nicht abgehen, weil er gut gestützt sei, können Sie getrost vergessen. Es mag ja sein, dass der Hang nicht abgeht, die Gründe dafür liegen aber woanders. Natürlich gilt nach wie vor, dass geringe oder fehlende Randstabilitäten die Auslösung begünstigen. Triebschneelinsen und nach unten in Felsen übergehende konvexe Hänge sind besonders gefährdet.

► Seite 39

»› Fehlende Randstabilitäten begünstigen die Auslösung.

Felsinseln

Häufig wird die Ansicht vertreten, aus dem Schnee herausragende Felsblöcke könnten einen Hang stabilisieren. Diese Ansicht ist falsch. Aus dem Schnee ragende Blöcke haben Unterschiede in der Schneehöhe zur Folge. Durch wechselnde Schneehöhen wird die Auslösewahrscheinlichkeit begünstigt. Darüber hinaus keilen die Schneeschichten zu den Blöcken hin normalerweise aus. Die Randstabilitäten durch die Blöcke sind somit geringer als man auf den ersten Blick annehmen würde. Selbst eine größere Anzahl von Blöcken kann einen gegebenen Hang nicht stabilisieren. Erst wenn ein Blockraster mit Abständen in der Größenordnung von 5 Metern vorliegt, kann man von einer gewissen stabilisierenden Wirkung ausgehen.

► Seite 21
► Seite 39

»» Selbst mehrere aus der Schneedecke herausragende Felsblöcke können eine Auslösung nicht verhindern.

Die stabilisierende Wirkung von Felsinseln wird oft überschätzt.

Schneedeckentests

In den siebziger Jahren wurde der »Norwegertest« eingeführt. Dabei isoliert man ein Trapez mit einer Grundfläche von 0,24 m^2 und belastet das Trapez anschließend mit der Schaufel auf Scherung. Man glaubte die Schneebrettgefahr messen zu können, indem man die Scherfestigkeit des isolierten Trapezes maß. Die Messbegeisterung ging soweit, dass eine Schaufel mit integrierter Federwaage erfunden und verkauft wurde.

Prinzipiell war die Idee eines Schertests sehr sinnvoll. Es widerspricht jedoch der relativen Sichtweise, quantitative Werte anzugeben. Auch wird beim Norweger nicht zwischen »Initialbruch möglich« und »Bruchfortpflanzung möglich« unterschieden. Die Geländesteilheit wird nicht berücksichtigt und der Test birgt die Gefahr folgeschwerer Ausführungsfehler. Schwache Schichten können übersehen werden.

► Seite 19

Der Test ist also aus heutiger Sicht kritikwürdig. Da braucht man sich nicht zu wundern, dass die ursprüngliche Euphorie bald in Enttäuschung umschlug. Der Norweger schien unzuverlässige Resultate zu liefern. Trotzdem wurde die grundsätzliche Interpretation des Tests sowie auch die Interpretation anderer Schertests nicht angezweifelt. Darin lag der Fehler. Wenn man nicht zwischen »Initialbruch möglich« und »Bruchfortpflanzung möglich« unterscheidet, wird selbst der beste Test immer wieder falsche Resultate liefern.

Wegen der offensichtlich falschen Testergebnisse begann man in den neunziger Jahren eine überwiegende Inhomogenität der Schneedecke zu postulieren. Mit ihr ließen sich alle Unstimmigkeiten der bestehenden Modellvorstellung elegant zur Seite schieben. Die zentrale Aussage war, die Schneedecke sei ein »Flickteppich« und kein Testergebnis könne je auf einen anderen Hangbereich übertragen werden. Zu Ende gedacht heißt dies allerdings, dass Tests schlichtweg unnütze Zeitverschwendung sind.

► Seite 71

► Seite 67

Reduktion

Die zweite Hälfte der neunziger Jahre stand dann unter dem Motto »Rechnen statt Graben«. Man glaubte, dass die Problematik der Schneebrettgefahr mit statistischen Methoden in den Griff zu bekommen sei. Es zeigte sich jedoch, dass das Rechnen mit der sogenannten Reduktionsmethode auch zu Fehleinschätzungen führen kann. Die Reduktionsmethode ist eine Rechenvorschrift, mit welcher man das »akzeptierte Restrisiko« ermitteln kann. »Die Grenzziehung ist reine Willkür«, sagt Werner Munter, und »ich habe dieses akzeptierte Restrisiko auf 1 festgesetzt«.[1])

Seine Methode geht nicht auf die herrschenden Verhältnisse ein, sondern entnimmt das »Gefahrenpotential« dem Lawinenlagebericht. Es mag sein, dass die konsequente Anwendung der Methode die Anzahl der Lawinenunfälle verringern würde – statistisch gesehen. Das ist aber für den Einzelfall nicht besonders hilfreich. Wer die Rechenvorschrift kennt, möge doch den Surgonda-Unfall durchrechnen!

▶ Seite 83

▶ Seite 8/9

Die Reduktionsmethode wurde Mitte der neunziger Jahre in viele Ausbildungskonzepte übernommen. Als aber mehrere damit verbundene Probleme deutlich wurden, reduzierten die alpin ausbildenden Vereine die Reduktionsmethode selbst wieder. Sie wird seit 1999 nur noch als unverbindliches Kontrollinstrument vorgestellt (Deutscher Alpenverein) bzw. nur noch für den Bereich der Tourenplanung empfohlen (Schweizer Alpen-Club).[2])

Rutschblocktest

Rutschblock

Es besteht Konsens darüber, wieder in die Schneedecke hineinzuschauen. Man gräbt also ein Schneeprofil. Schichthärten und Schneearten

1) Munter (1997)

2) Munter baut seine Reduktionsmethode auf statistischen Grundlagen auf. Diesbezüglich beinhaltet sie etliche Fehler. Die Anzahl der Begehungen ist nicht bekannt. Risiko kann aber immer nur durch den Quotienten Unfälle / Begehungen und niemals durch eine absolute Anzahl von Unfällen allein beschrieben werden. Darüber hinaus sind etliche Reduktionsfaktoren überhaupt nicht statistisch begründet.
Um die Berechnungen zur Stabilitätsverteilung der Schneedecken durchführen zu können, benötigt man eine Intervallskalierung der Rutschkeil-Teststufen. Diese liegt nicht vor. Die letzte Teststufe (Sprung von zwei Personen) ist genauso groß wie alle vorherigen Stufen zusammen.
Das Zusammenlegen von Rutschblocktests unterschiedlicher Expositionen lässt eher bimodale Verteilungen erwarten. Wenn man derartigen Verteilungen eine Standard-Normalverteilung überstülpt, wird das Resultat verfälscht.
All diese statistischen und mathematischen Probleme sind jedoch marginal im Vergleich mit der Schlussfolgerung der relativen Sichtweise. Sie besagt, dass die herkömmliche Interpretation von Rutschblock- bzw. Rutschkeiltests zu fehlerhaften Aussagen führt. Somit muss auch jede auf einer derartigen Interpretation aufbauende Berechnung zu falschen Aussagen führen.
Die Position des Deutschen Alpenvereins: Während des Lehrteamstreffens am 26. Mai 1998 wurde folgender Leitsatz formuliert: »Die Reduktionsmethode wird vorgestellt und kann ergänzend zu 3 x 3 angewendet werden.« Die Position des Schweizer Alpen-Club: Anlässlich des Kaderkurses am 11. bis 12. Dezember 1999 in Andermatt legt Pius Fähndrich dar, dass die Reduktionsmethode im Rahmen der Tourenplanung empfohlen werde und betont: »Im Gelände hat die Reduktionsmethode nichts zu suchen.«

► Seite 15, 40 ff.
werden bestimmt. Und dann? Der Norwegertest hat seine Macken und der klassische Rutschblock ist zu aufwendig, um ihn in der Praxis durchzuführen.

Für den Rutschblock isoliert man einen 2 mal 1,5 Meter großen Schneeblock und belastet ihn in mehreren Stufen. Der Rutschblock hat gegenüber dem Norweger etliche Vorteile. Es ist kaum möglich, eine Schwachschicht durch das Ausgraben zu zerstören. Auch wird eine schwache Schicht auf alle Fälle entdeckt und die Steilheit des Hanges berücksichtigt. Allerdings unterscheidet auch die Interpretation des Rutschblocks nicht zwischen
► Seite 19
»Initialbruch möglich« und »Bruchfortpflanzung möglich« und – wie schon gesagt – er ist so aufwendig, dass er so gut wie ausschließlich im Rahmen von Ausbildungskursen durchgeführt wird.

Was will ich wissen

Soviel zur historischen Entwicklung der Schertests. Wenn heute wieder in die Schneedecke hineingeschaut und »getestet« werden soll, dann stellen sich drei wichtige Fragen. Erstens, in welcher Situation und mit welcher Vorinformation schaue ich in die Schneedecke hinein? Es kann ja schließlich nicht darum gehen, ständig im Schnee herumzubuddeln. Diese Frage
► Seite 94/95
wird im Kapitel über den Entscheidungsprozess beantwortet.

Zweitens, inwieweit kann ich das Testergebnis auf andere Hangbereiche oder Hänge übertragen? Die Frage der Homogenität bzw. Inhomogenität der Schneedecke spielt hierbei die entscheidende Rolle. Mehr dazu im ent-
► Seite 71 ff.
sprechenden Kapitel.

Und drittens, welchen Aufwand stellt ein Test dar und welche Informationen will ich durch meinen Test überhaupt erhalten?

Idealerweise ist ein Test mit der ohnehin im Rucksack befindlichen Schaufel durchführbar. Er erfordert nicht viel Zeit und liefert auch bei kleinen Ausführungsfehlern korrekte Resultate. Seine Aussage sollte sich nicht auf einen bestimmten Scherfestigkeitswert konzentrieren. Wie wir wissen, sind
► Seite 26
die im Rahmen der Bruchfortpflanzung möglichen Kräfte viel größer als die bisher üblichen Testbelastungen. Vielmehr sollte der Test Antworten auf die folgenden Fragen liefern.

- Ist ein Initialbruch an der Teststelle möglich?
- Ist an der Teststelle die Bruchfortpflanzung möglich oder unmöglich?
- Ist die Hangsteilheit an der Teststelle ausreichend, um ein Brett abgleiten zu lassen?

Die folgenden Kapitel diskutieren die üblichen Kurztests und stellen zwei neue Verfahren vor, den »Kompressionstest« und den »K.o.-Test«.

Spursteg.
Bleibt zwischen den Ski ein Steg stehen, ist der Schnee gebunden.

Kurztests

Die hier beschriebenen Verfahren erfordern praktisch keinen Zeitaufwand. Man kann sie also »im Vorbeigehen« mitnehmen. Andererseits liefern sie vergleichsweise wenig Information und dürfen nicht überbewertet werden. Was wir an Informationen erhalten, integrieren wir in die bereits bestehende Vorstellung von der Situation. Entweder festigt sich dadurch unser Bild oder das Resultat passt nicht mit der bestehenden Vorstellung zusammen. Im zweiten Fall sollten wir innehalten, unsere Vorstellung von der Situation prüfen und gegebenenfalls genauer nachschauen.

► Seite 95

Spursteg

Der kameradschaftlich Spurende lässt zwischen beiden Ski einige Zentimeter Abstand. Die Nachfolgenden können die Spur dann begehen, ohne ständig mit den Skistiefeln zusammenzustoßen. Bleibt zwischen den Ski ein »Spursteg« stehen, so hat man bereits die Information, dass der Schnee »gebunden« ist. Gebundener Schnee wird als Brett und nicht als Schneerutsch oder Lockerschneelawine abgehen. Dass der Schnee oberflächlich weich ist, stellt übrigens keinerlei Sicherheitsindiz dar. Ganz im Gegenteil: »Das typische Schneebrett ist an der Oberfläche weich.«[1])

► Seite 103

»» Gebundener Schnee geht als Brett ab.

»» Das typische Schneebrett ist an der Oberfläche weich.

1) Schweizer (2000).

Spurkeil.
Tieferliegende Schichten
werden nicht erfasst.

Bleibt kein Spursteg stehen (lockerer Neuschnee, Pulverschnee), so ist das umso erfreulicher für die bevorstehende Abfahrt, aber ebenfalls keine Sicherheitsgarantie. Ungebundener Schnee ist zwar nicht in der Lage als Brett abzugehen, aber tiefer unten in der Schneedecke sind die Verhältnisse üblicherweise anders.

» **Ungebundener Schnee an der Oberfläche der Schneedecke ist kein Indiz für Sicherheit.**

Spurkeil

Eine weitere Information, die man bereits beim Spuren erhält, ist der »Spurkeil«. Das Schneeeck in einer Spitzkehre wird erheblichen Scherspannungen ausgesetzt. Existiert eine oberflächennahe Schwachschicht, so bricht diese in aller Regel und der Spurkeil reißt. Ob das gebrochene Schneedreieck liegenbleibt oder abrutscht, ist eine Frage der Hangsteilheit. Häufig lösen sich dünne harte Schichten als Spurkeil. Hierzu ist anzumerken, dass oberflächliche Platten von 5 Zentimetern und weniger keine besondere Gefahr darstellen. Wir sind aber über die Existenz einer Schwachschicht informiert, und sobald die Plattenstärke auf 10 Zentimeter oder mehr anwächst, besteht akute Gefahr.
Die Situation einer tiefer liegenden, kritischen Schicht wird vom Spurkeil nicht erfasst. Er »testet« nur bis zur Einsinktiefe der Ski. Und die ist normalerweise nicht besonders groß. Die durchschnittliche Auslösetiefe von 40 Zentimeter wird jedenfalls nicht erreicht.

▶ Seite 23

» Der Spurkeil testet ausschließlich oberflächennah. Tieferliegende Schwachschichten werden nicht erfasst.

Stocktest

Beim »Stocktest« drückt man einen Skistock so tief wie möglich in den Schnee hinein. Man erhält dadurch Aufschluss über die Festigkeit der vom Teller duchstoßenen Schichten. Größenordnungsmäßig entsprechen 5 Kilo (50 N) Druck »sehr weichem« und 25 Kilo (0,25 kN) »weichem« Schnee. »Mittelharter« Schnee ist kaum mehr zu durchdringen. Kratzt man mit dem Teller an der Lochwand, können auch dünne härtere oder weichere Schichten noch erkannt werden. Auch kann man mit einer Hand in das entstandene Loch greifen und die Konsistenz der duchstoßenen Schichten erfühlen. Die Existenz besonders weicher Schichten ist ein Gefahrenhinweis. Der Stocktest liefert aber keine Information über bestehende Scherfestigkeiten. Werden keine weichen Schichten entdeckt, so ist dies noch kein Indiz für Sicherheit. Eingeschnciter Oberflächenreif kann nicht erkannt werden!

» Mit dem Stocktest können weiche Schichten lokalisiert werden. Eingeschneiter Oberflächenreif wird nicht erkannt.

Böschungstest

Beim »Böschungstest« versucht man an kleinräumigen Geländeformationen ein Minibrett auszulösen. Dabei ist wichtig, dass man selbst einigermaßen im Flachen steht, von oben keinerlei Gefahr droht und auch unter-

Böschungstest.
Ist der Minihang unter der Wächte auslösefähig?

halb niemand durch die Aktion gefährdet wird. Kurze, überwächtete Geländekanten sind geeignet. Durch Wippen, Stampfen und Springen belastet man die Schneedecke zunehmend. Gelingt die Auslösung, ist die Existenz einer Schwachschicht nachgewiesen. Dieses Resultat ist ein Gefahrenhinweis. Bricht lediglich ein Teil der Wächte ab, ohne den Bereich unterhalb auszulösen, so konnte kein Initialbruch erzeugt werden. Ob das Minibrett an einer günstigeren Stelle auslösbar ist, bleibt dahingestellt.

» Ein im Rahmen des Böschungstests ausgelöstes Minibrett ist ein Gefahrenhinweis. Ein erfolgloser Auslöseversuch ist keine Gewähr für Sicherheit.

Kompressionstest und K.o.-Test

Als ich 1998 den K.o.-Test im Bundeslehrteam vorstellte, wies mich ein Kollege darauf hin, dass in Kanada seit einiger Zeit ein ganz ähnliches Verfahren angewendet werde, nämlich der Kompressionstest. Man isoliert dazu eine 40 mal 40 Zentimeter große, lotrechte Schneesäule. Anschließend wird die Säule zuerst mit leichten, dann zunehmend festeren Schlägen auf ihr Bruchverhalten hin untersucht. Die Schläge werden mit dem Schaufelblatt ausgeführt und erfolgen von oben. Ein bei leichten Schlägen erzeugter schichtparalleler Bruch zeigt eine Schwachschicht an.

Durch die schockartige Belastung mit Schlägen wird ein abgeschertes Teil nicht von seiner Basis heruntergeschoben, wie dies bei konstanter Krafteinwirkung geschehen würde. Im Flachen erkennt man die Bruchstelle lediglich als Riss. Im mittelsteilen Gelände entsteht oft ein Versatz von einigen Millimetern oder Zentimetern. Und im steilen Gelände rutscht der gebrochene Bereich von seiner Basis herunter.

Beim Kompressionstest isoliert man eine Säule mit 40 x 40 Zentimeter. Getestet wird mit leichten Schlägen von oben.

Unten rechts: Ein »würfelförmiger« Schneeblock wird isoliert und mit Schlägen auf die abgeschrägte Fläche belastet.

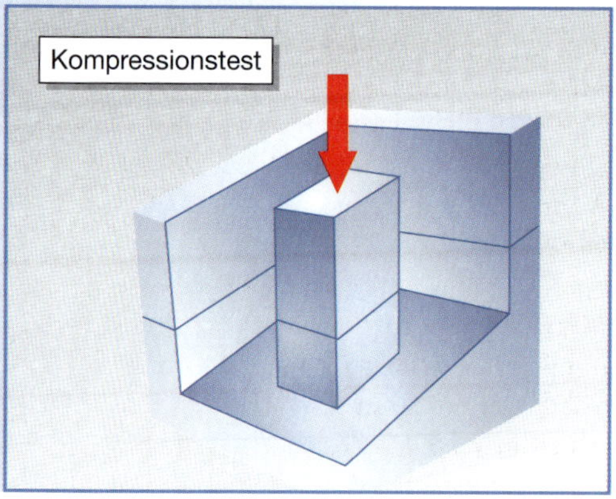

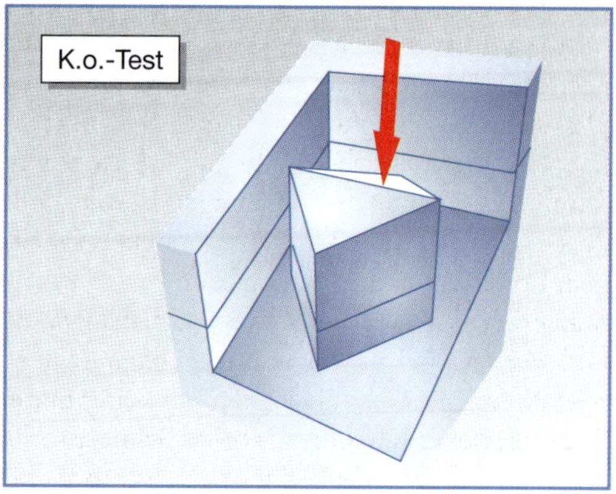

K.o.-Test.
Der Schneeblock wird in jedem Fall zerstört.

Um den Kompressionstest in größerer Schneetiefe durchzuführen, ist eine Schneesäge hilfreich. Die relativ dünne Säule kann beim Abstechen mit einer Schaufel leicht zu Bruch gehen.

» Beim Kompressionstest wird mit Schlägen getestet.

Der K.o.-Test

Der K.o.-Test ist so gesehen eine unfreiwillige Weiterentwicklung des Kompressionstests. Wie dieser beruht auch jener auf der Überlegung, dass die Bruchfortpflanzung »schlagartig« erfolgt und testet insofern mit Schlägen. Des Weiteren liegt die Überlegung zugrunde, dass eine Bruchfortpflanzung nur möglich ist, wenn sich konkrete schichtparallele Scherflächen bilden bzw. eben nicht möglich ist, wenn der getestete Bereich quer durch die Schichten bricht. Um das diesbezügliche Verhalten der Schneedecke zu ermitteln, muss der zu testende Bereich zwingend zerstört werden. Daher der Name »K.o.-Test«.

► Seite 27

Man gräbt ein lotrechtes Schneeprofil in einem 30–45° steilen Hangbereich und legt fest, bis zu welcher Schneetiefe man testen möchte. Dabei kann man diese Tiefe frei wählen, also entweder nur einen Teil oder die gesamte Schneedecke testen. Oberhalb des Schneeprofils zeichnet man ein auf der Spitze stehendes Quadrat in die Schneeoberfläche. Die Kantenlänge des

Quadrates entspricht der Testtiefe. Die Größe des Quadrates ist also von der gewählten Testtiefe abhängig.[1])

Das Quadrat wird rundherum lotrecht bis auf die vorher festgelegte Tiefe freigelegt. Dabei entsteht ein »auf der Spitze stehender« Schneeblock, der im folgenden etwas unkorrekt als »Würfel« bezeichnet wird. Von diesem Würfel wird die obere Ecke entfernt. Die dabei entstehende Fläche ist horizontal oder leicht gegen den Hang geneigt.

» **Beim K.o.-Test ist die Testtiefe frei wählbar.**

» **Die Größe des Würfels richtet sich nach dieser Tiefe.**

Man testet den Würfel zunächst mit leichten, dann mit festeren Schaufelschlägen auf die abgeschrägte Fläche. Gelingt es nicht, ihn mit Schaufelschlägen zu zerstören oder zum Abgleiten zu bringen, greift man zu härteren Maßnahmen. Fußtritte sind die nächste Stufe. Sie sollten möglichst prellend ausgeführt werden und mit untergelegtem Schaufelblatt erfolgen (flächige Kraftübertragung). Aber Achtung, dabei sind schon Schaufeln kaputtgegangen. Gelingt es auch so nicht, den Block zu zerstören, sind Sprünge die maximale Steigerung. Sie werden früher oder später den Bruch des Würfels zur Folge haben.

» **Beim K.o.-Test muss der Würfel in jedem Fall zerstört werden.**

Bricht eine Schwachschicht ohne dass der losgelöste Teil abrutscht, so ist die Steilheit an der Teststelle für eine Auslösung ungenügend.

Der Würfel hat keine bestimmte Größe. Das kleinste vernünftige Maß dürfte bei rund 40 Zentimetern liegen. Die schichtparallele Bruchfläche wächst im Quadrat der Kantenlänge. Das heißt, ein kleiner Würfel mit 50 Zentimeter Kantenlänge hat lediglich 25 % der Fläche eines großen Würfels mit einem Meter Kantenlänge. Insofern ist klar, dass die Schlagkraft beim Testen kein quantitatives Maß für die Hangstabilität darstellt. Numerisch fixierte Scherfestigkeitswerte sind nach der relativen Sichtweise ohnehin kein Maß für die Hangstabilität und insofern auch kein Testziel.

Vielmehr kommt es darauf an, sich selbst auf den Test zu »eichen«. Man muss ein Gefühl

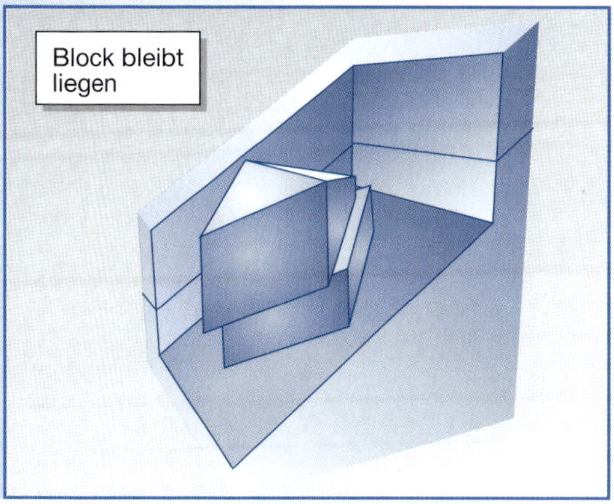

1) Für die Form des auf der Spitze stehenden »Würfels« sprechen mehrere Überlegungen. Der isolierte Block soll möglichst kompakt sein. Die Längserstreckung (in Richtung des Fallens) soll nicht zu klein sein, da dies ungewünschte Kippeffekte begünstigen würde. Und schließlich soll der Block leicht zu isolieren sein. Das Freilegen geht bei der gewählten Form leichter als bei einem normalen Würfel.

dafür entwickeln, welche Schlagfestigkeit bei welcher Würfelgröße als »leicht« oder als »kräftig« einzustufen ist. Viele Bergführer-Kollegen benützen ähnliche, aber vollkommen individuelle Methoden, nach dem Motto »aufgraben, reinschauen, belasten und mal schauen, was passiert«. Wenn jemand auf ein derartiges Verfahren geeicht ist und es entsprechend interpretiert, erhält er damit dieselben Informationen wie beim K.o.-Test.

Mögliche Resultate:

- Eine kritische Schicht bricht bereits beim Freilegen des Würfels.
- Eine kritische Schicht bricht bei vergleichsweise leichten Schlägen.
- Eine kritische Schicht bricht bei kräftigen Schlägen.
- Kräftige Schläge führen zu einem partiellen schichtparallelen Bruch.
- Der Würfel bricht unregelmäßig quer durch die Schichten.
- Der abgetrennte Schneeblock bleibt auf seiner Basis liegen.
- Der abgetrennte Schneeblock rutscht ab.

Spontanes Abgleiten oder Abgleiten bei leichten Schlägen bedeutet, dass an der getesteten Stelle eine Auslösung möglich ist. Es besteht akute Gefahr. Diese Aussage gilt nicht, wenn die abgleitende Platte lediglich einige Zentimeter dick ist. (▶ Seite 60)
Schichtparalleles Abgleiten bei kräftigen Schlägen bedeutet, dass ein Initialbruch an der getesteten Stelle unwahrscheinlich, die Bruchfortpflanzung aber möglich ist. Diese Aussage gilt auch, wenn tiefliegende Scherbrüche bei sehr kräftigen Schlägen entstehen. Abgleiten bei kräftigen Schlägen

Unten links:
Rutscht der gebrochene Teil ab, ist der Hang steil genug für eine Auslösung. Der Gefahrengrad ist in diesem Fall abhängig von der Härte der Schläge.

Bricht der Block schräg durch die Schichten, so ist an der Teststelle weder eine Auslösung noch die Bruchfortpflanzung möglich.

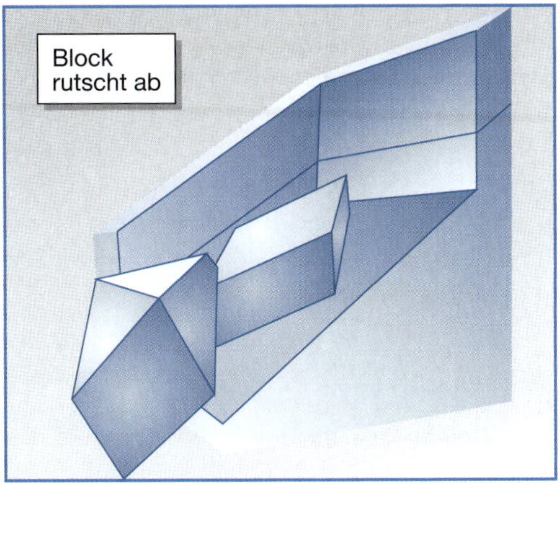

weist auf eine potentielle Gefahr hin und sollte uns veranlassen, die entsprechende Schicht im Auge zu behalten.
Bei kräftigen Schlägen kommt es häufig vor, dass lediglich der untere Teil des Würfels schichtparallel bricht. Es wird also kein vollständiger basaler Scherbruch erzeugt. Dieses Resultat ist weitgehend sicher. Auslösung an der Teststelle ist unmöglich, Bruchfortpflanzung ist vorstellbar, aber unwahrscheinlich.
Bruchflächen quer durch die Schichten signalisieren, dass der getestete Hangbereich sogar von Brettern, die in der Umgebung abgehen, nicht mit erfasst werden wird. Dieses Bruchverhalten bedeutet maximale Sicherheit. Man kann lediglich von oberhalb abgehenden Lawinen verschüttet werden. Bleibt der Block liegen, so bedeutet dies, dass die Steilheit der Teststelle nicht ausreicht, um ein Brett in Bewegung zu setzen. Analoges gilt für das Abgleiten. Rutscht der Block ab, ist die Stelle für die Auslösung eines Brettes allemal steil genug.

Gebrochen, aber nicht abgeglitten: Die Hangsteilheit befindet sich genau im Grenzbereich.

»» Der K.o.-Test unterscheidet zwischen »Initialbruch möglich«, »Bruchfortpflanzung möglich« und »sicher«. Die Steilheit wird einbezogen.

Der K.o.-Test berücksichtigt die Thematik größerer übertragbarer Kräfte in größerer Schneetiefe. In größerer Tiefe werden zwangsläufig größere Flächen mit entsprechend höheren Zusatzkräften getestet. Die zu testende Fläche variiert. Die Interpretation der »Schlagfestigkeit« ist somit Gefühlssache. Vergleichbare Resultate können kaum erzielt werden. Sie sind aber auch nicht das Wesentliche. Bei den »leichten« und »kräftigen« Schlägen handelt es sich ja lediglich um die Unterscheidung zwischen »Initialbruch möglich« und »Bruchfortpflanzung möglich«. Die anderen wichtigen Aussagen »sicher« sowie »Steilheit ungenügend« oder »Steilheit genügend« werden durch die Härte der Schläge nicht beeinflusst.

Zeit und Tiefe

Der Zeitaufwand für den K.o.-Test beträgt bei einem kleinen Würfel 1–2 Minuten. Bei mittel-

großer Testtiefe von 80 Zentimetern muss man mit 5 Minuten rechnen. Diese Testtiefe genügt in aller Regel. Man kann sich aber nicht darauf verlassen, dass die Schichten unterhalb immer stabil sind. Besonders wenn man die Schneedecke nicht kennt, sollte man sie auch einmal bis zum Boden anschauen.
► Seite 104

Würfel ab einem Meter sind einigermaßen zeitintensiv. Man muss ganz schön buddeln. Um das Schaufeln zu reduzieren, kann man große Würfel hangseitig mit einer Reepschnur absägen. Die Reepschnur wird dabei an einer Lawinensonde umgelenkt.

Übertragbarkeit von Testergebnissen

Werner Munter[1]) beschreibt etliche Phänomene, die mit der klassischen Lawinenkunde nicht erklärt werden konnten und fordert eine »neue, widerspruchsfreie und umfassende Theorie, in der sich diese zahlreichen Beobachtungen normal einordnen lassen«. Er selbst hat durch seine Sichtweisen und Theorien viel dazu beigetragen, das Gesamtgebäude der Lawinenkunde salonfähig zu machen und verwunderliche Beobachtungen zu integrieren. Einige Phänomene kann er allerdings nur einordnen, indem er extreme Stabilitätsunterschiede auf kleinstem Raum annimmt.
► Seite 56

Natürlich gibt es Stabilitätsunterschiede. Sie stellen das zentrale Problem bei der Lawinenbeurteilung dar. Sie sind das Hauptrisiko des Skitouristen. Die Frage ist nur, wie groß sie sind. Munter erklärt mit den extremen Stabilitätsschwankungen einige Beobachtungen, die nicht in die damaligen Modellvorstellungen passten. Diese Phänomene sind damit aber nicht notwendigerweise richtig erklärt. Wie bereits dargelegt, gibt es in der bisherigen Lawinenkunde unkorrekte Vorstellungen und entsprechend falsche Schlussfolgerungen. Möglicherweise trifft dies auch für die Stabilitätsunterschiede zu.
► Seite 26, 39

»» **Die hier vertretene These lautet: Die Schneedecke ist inhomogen, aber nicht so inhomogen, wie in den neunziger Jahren behauptet wurde.**

Conway

Betrachten wir einige der klassischen Phänomene, die zur Annahme der extremen Inhomogenitäten geführt haben, aus dem Blickwinkel der relativen Sichtweise. Da wären zunächst die Messungen von Conway und Abra-

1) Munter (1997)

Wie inhomogen ist die Schneedecke? 60 cm Neuschnee über Nacht. Der Schnee fiel bei so wenig Wind, dass die alten Spuren noch zu erkennen sind. Partielle Lockerschneerutschen gingen ab.

hamson[1]), die großenteils entlang der Anrisse von Schneebrettern durchgeführt wurden. Die beiden fanden auf engstem Raum Stabilitäten kleiner eins und Stabilitäten, die mit dem Rutschblocktest als »sicher« beurteilt würden. Erinnern wir uns an die Aussagen zur Bruchfortpflanzung. Nach oben breitet sich der Bruch entweder weiter aus oder er setzt sich nicht weiter fort. Beide Fälle sind auch nebeneinander möglich. In dieser Situation bleiben die losgelösten Bereiche am Ort, da sie von den stabilen Bereichen gestützt werden. Nach einem Schneebrettabgang sind bei dieser Betrachtungsweise extreme Stabilitätsunterschiede im Bereich des Anrisses geradezu eine Bedingung. Ohne die Bereiche hoher Stabilität hätte sich das Brett weiter nach oben ausgedehnt.

► Seite 28

► Seite 25

Verheilen von Bruchflächen

Wichtig ist in diesem Zusammenhang auch die Frage, was nach einem Strukturbruch an der Bruchfläche passiert. Schweizer[2]) postuliert, dass die Bruchflächen »ihre Eigenschaft als Rissstelle nur während sehr kurzer Zeit behalten«. Da Untersuchungen von Anrissen im Allgemeinen erst nach Ablauf einer »sehr kurzen« Zeitspanne erfolgen, ergibt sich eine weitere Verzerrung des ursprünglichen Bildes. Kommt es zu einem raschen Verheilen der Bruchflächen, so kann dies möglicherweise eine Umkehr der ur-

1) Conway, Abrahamson (1984)
2) Schweizer (1998)

sprünglichen Stabilitätsverhältnisse bewirken. Die abgescherten Bereiche können durch Versinterung an der Bruchfläche ohne weiteres stabiler werden als die ursprüngliche Schneedecke.

Wie man sieht, gibt es eine Reihe von Argumenten dafür, dass die Streuung der Stabilitäten in der Schneedecke geringer sein kann als die im Bereich von Schneebrettanrissen gefundenen Werte. Auch bestätigen die Untersuchungen des SLF diese Sichtweise. Schweizer gibt die typische Streuung von Stabilitätsmessungen innerhalb eines Hanges mit 15–30 % an.[1]) Er macht darüber hinaus darauf aufmerksam, dass Conway »missglückte« Versuche (Abgleiten während der Vorbereitung) als Messwerte mit sehr kleiner Stabilität interpretiert hat.

» Laut SLF beträgt die Streuung von Stabilitätsmessungen innerhalb eines Hanges 15–30 %.

Rossbodenstock

Ein anderes Phänomen ist der Unfall am Rossbodenstock im Jahr 1991[2]). Hier wurde ein Rutschblocktest im oberen Bereich eines großen Hanges durchgeführt. In der Endphase des Tests ging der ganze Hang ab – nur der Rutschblock blieb stehen. Er hatte das Resultat »sicher« ergeben. Die gängige Interpretation lautet, dass der Rutschblock zufällig in einer Insel der Stabilität inmitten des ansonsten instabilen Hanges gegraben worden sei.

► Seite 57

Die relative Sichtweise führt zu einer abweichenden Interpretation. Das Schneebrett hatte eine unregelmäßige Dicke von durchschnittlich etwa 60 Zentimetern und bestand aus mehrere Tage altem, gut verfestigtem Schnee[3]). Die durchschnittliche Dicke von 60 Zentimetern bedeutet, dass die Anrisshöhe stellenweise deutlich größer war. Der erfolgte Initialbruch setzte sich mit erheblicher Kraftübertragung fort und wäre höchstwahrscheinlich in der Lage gewesen, auch den kompakten Rutschblock mit abzuscheren. Dieser war aber schon vorher freigelegt worden und wurde insofern von dem Scherbruch nicht erfasst.

► Seite 23

Wie bereits ausgeführt, ist die Konsequenz dieser Interpretation beunruhigend. In entsprechender Schneetiefe kann auch ein nach der Doktrin der neunziger Jahre als sicher geltender Hangbereich abgeschert werden. Da-

► Seite 26

1) »Typisch sind Streuungen von 15–30%. Dabei hat es sich gezeigt, dass Messstellen, die nah – bzw. 1 bis 2 m – beieinander liegen, Resultate ergeben, die in einem gegenseitigen Bezug stehen: d.h. auf einen hohen Wert folgt eher wieder ein hoher Wert als ein tiefer (positive Korrelation). Keine der Studien zeigte innerhalb weniger Meter abrupte Festigkeitsänderungen in Form eines Sprungs von geringster Festigkeit zu hoher Festigkeit oder von minimaler Stabilität zu hoher Stabilität.« Schweizer (1998)

2) Munter (1997)

3) Munter, mündliche Mitteilung an den Autor

bei ist es nicht leicht, den Hang in größerer Tiefe auszulösen. Man kann massive Schneeschichten aber häufig an Stellen geringerer Mächtigkeit auslösen. Im Rahmen der Bruchfortpflanzung werden dann auch die Bereiche großer Schneedicke mit abgeschert. Das Phänomen Rossbodenstock bestätigt also das Modell der relativen Sichtweise.

► Seite 21

» Der Unfall am Rossbodenstock erklärt sich auch ohne »Insel der Stabilität«.

Es zeigt sich, dass genau die Phänomene, mit denen die Existenz extremer Stabilitätsunterschiede begründet wurden, in das Modell der relativen Sichtweise durchaus plausibel eingeordnet werden können. Damit fallen die Hauptargumente für die extremen Inhomogenitäten weg.

Das heißt aber nicht, dass es keine Stabilitätsunterschiede gibt. Es heißt lediglich, dass das Postulat extremer Stabilitätsunterschiede überflüssig geworden ist. Diese Sichtweise hat Folgen für die Übertragbarkeit von Testergebnissen. Sie legt nahe, dass man Testergebnisse sehr wohl benützen kann, um das bereits bestehende Bild einer gegebenen Situation zu ergänzen und abzurunden. Eine gewisse Skepsis bezüglich der Übertragbarkeit ist natürlich nach wie vor angebracht.

► Seite 56
► Seite 95

» Die Behauptung, ein Testergebnis dürfe grundsätzlich nicht auf andere Hangbereiche übertragen werden, ist hinfällig.

Einflüsse auf die Schneedecke

Schon öfter wurde die Thematik der Homogenität bzw. Inhomogenität der Schneedecke angesprochen. Die Frage, wie groß der Grad der Inhomogenität ist, wurde diskutiert. Nun ist Schneedecke aber nicht gleich Schneedecke. Unterschiedliche Faktoren beeinflussen Entstehung und Umwandlung der Schichten. Beschäftigt man sich mit diesen Faktoren, so lassen sich etliche Gesetzmäßigkeiten erkennen, die in der Praxis immer wieder auftreten. Es ist insofern durchaus möglich, tendenzielle Vorhersagen über den Grad der Inhomogenität zu machen.

► Seite 67

Solche Vorhersagen sind außerordentlich wichtig. Sofern die gesamte Entwicklung für Homogenität spricht und ein stabiler Schneedeckenaufbau existiert, kann man durchaus steile Nordhänge fahren. Man braucht dabei nicht das Gefühl zu haben, der Tod säße einem ständig im Nacken. Andererseits sollten uns Anzeichen, die für starke Inhomogenitäten sprechen, zur Vorsicht mahnen. Das Motto »des passt scho« (schweizerisch »gaat scho«) kann tödlich enden.

Hochwinter in der Silvretta. Trügt die Ruhe?

Niederschlag

Neuschnee bedeutet Massenzuwachs. Die in der Schneedecke vorhandenen Scherspannungen steigen entsprechend an. Interessant ist, dass die flächige Zusatzbelastung durch Neuschnee in jeder Tiefe gleich ausfällt. Neuschnee wirkt also anders, als die bereits ausführlich behandelten punktuellen Zusatzbelastungen.

▶ Seite 19 ff.

Es ist klar, dass mit der Niederschlagsmenge auch die Gefahr steigt. In der Literatur wird oft von einer »kritischen Neuschneemenge« gesprochen. Natürlich kann es sich dabei nicht um einen exakten Wert handeln. Salm[1]) spricht bei 30–50 Zentimeter Neuschnee von »örtlicher Gefahr« und bei 50–80 Zentimeter von »allgemeiner Gefahr in Tourengebieten«. Munter[2]) unterscheidet ungünstige, mittlere und günstige Bedingungen und führt aus, dass die kritische Neuschneemenge erfahrungsgemäß mindestens erhebliche Schneebrettgefahr bedeute. Er definiert die kritische Neuschneemenge als 10–20 Zentimeter bei ungünstigen, 20–30 Zentimeter bei mittleren und 30–50 Zentimeter bei günstigen Bedingungen. Beide Darstellungen sind eine klare Absage an Schwarz-weiß-Maler, die einer bestimmten Neuschneemenge einen eindeutigen Gefahrengrad zuordnen wollen.

▶ Seite 91

»» Die kritische Neuschneemenge ist eine Frage der Bedingungen.

1) Salm (1982)
2) Munter (1997)

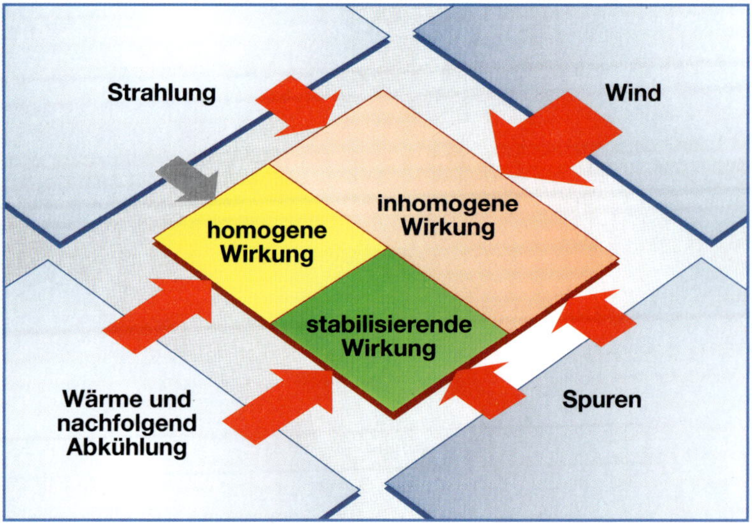

Einflüsse unterschiedlicher Faktoren hinsichtlich der Homogenität bzw. Inhomogenität der Schneedecke.

Allerdings basiert eine realitätsnahe Einschätzung der Verhältnisse immer auf mehreren Faktoren. Daher macht es Sinn, diese Faktoren zunächst zu erheben und sie erst in der Folge gedanklich miteinander zu verknüpfen. ► Seite 93
Neben der Neuschneehöhe gilt die Zeit nach der Niederschlagsperiode als ein wichtiger Parameter. Während der Schneefälle und am ersten Tag danach besteht die größte Gefahr. ► Seite 92 Der Neuschnee ist anfangs mit der Altschneedecke noch nicht gut verbunden. Kommt am ersten Schönwettertag Erwärmung hinzu, kann man häufig Selbstauslösungen von Schneebrettern beobachten. ► Seite 48
Einer meiner einstigen Lehrmeister lieferte dafür die folgende Begründung: Der Schnee setze sich, werde schwerer und das Brett gehe ab. Das ist natürlich Unsinn. Durch die Setzung entsteht ja kein Massenzuwachs. Der Schnee wird zwar schwerer, aber eben auch dünner.
Massenzuwachs ist allerdings im Rahmen von Kondensationsprozessen vorstellbar. Die in der warmen Luft enthaltene Feuchtigkeit kondensiert an der kalten Schneeoberfläche. Der auf diesem Weg mögliche Massenzuwachs ist aber vermutlich nicht erheblich. Für die Selbstauslösungen während der ersten Erwärmungsphase dürfte primär der bereits behandelte, auf Ideen von Salm und Gubler basierende Auslösemechanismus verantwortlich sein. ► Seite 47 ff.

» **Während der Schneefälle und am ersten Tag danach ist es am gefährlichsten.**

» **Wird der Schnee nicht nachträglich windverfrachtet, nimmt das Schneebrettrisiko in der Folge kontinuierlich ab.**

Wind

Wind verfrachtet Schnee und bildet Triebschneeansammlungen. ► Seite 44/45 Diese weisen unterschiedliche Schneehöhen auf und sind oft linsenförmig. Dadurch fehlen Randfestigkeiten weitgehend. Die Gesamtstabilität solcher Verwehungen ist also von vorneherein reduziert. Weiterhin ist Triebschnee immer gebunden. ► Seite 38/39 Zusätzliche Spannungen können entstehen. Der alte Satz, Wind sei der Baumeister von Lawinen, hat nach wie vor Gültigkeit.

» **Wind verursacht immer Inhomogenitäten in der Schneedecke.**

Es lohnt sich, sowohl die aktuelle Windtätigkeit zu beobachten als auch die Richtung und Stärke des Windes während der letzten Niederschläge zu rekonstruieren. Aktuelle Verfrachtung am Ort ist offensichtlich. Schneekristalle werden in unmittelbarer Bodennähe transportiert oder bei höherer

Schneefahne

Geschwindigkeit durch die Luft gewirbelt. Aktuelle Verfrachtungen im Grat- und Gipfelbereich lassen sich gut an den sogenannten »Schneefahnen« erkennen.

- **Schneefahnen zeigen aktuelle Schneeverfrachtung an.**
- **Windverfrachtung kann bestehende Spuren binnen Minuten völlig überdecken.**

An weniger exponierten Stellen entstehen unter Windeinwirkung flache Dünen. Sie ermöglichen es, die Windrichtung während der Schneefälle zu bestimmen. Ebenso lassen die im Erosionsbereich übrig gebliebenen Gangeln Rückschlüsse auf die Windrichtung zu.

- **Bei Dünen liegen die steil abfallenden Seiten im Lee (windabgewandt).**
- **Bei Gangeln befinden sich die Steilseiten im Luv (windzugewandt).**

Leeseitig entstehen hinter Steinen oder sonstigen Hindernissen die sogenannten »Kometenschweife«. Auch sie zeigen die Windrichtung an. Im

Gangeln und Düne.
Der Wind kam von rechts.

Kometenschweife.
Der Wind kam von rechts hinten.

Bereich von Graten und Geländekanten verursacht Wind häufig die Entstehung von Wächten. Die Luvseite ist mehr oder weniger abgeblasen, im Lee kommt es unterhalb der Wächte zu Triebschneeablagerungen. Der »Wächtenkeil« bildet sich. Unabhängig von der Gefahr, mit einer Wächte abzustürzen, besteht ein erhebliches Auslöserisiko, wenn Teile von Wächten abbrechen und auf den Wächtenkeil fallen. Dasselbe gilt für »coole« Freerider:

► Seite 44/45

► Seite 61/62

» **Der Sprung über eine Wächte birgt ein erhebliches Auslöserisiko.**

Im kammnahen Leebereich ist häufig mit störanfälligem Triebschnee zu rechnen.

Eine besondere Problematik der Schneeverfrachtung besteht darin, dass die ursprünglichen Geländeformen unkenntlich werden können. Besonders gefährlich sind Mulden, die durch hangparallele (seitliche) Winde vollkommen zugeweht wurden. Man sieht sich einer ebenmäßigen Schneeoberfläche gegenüber. Es erfordert viel Umsicht und Einschätzungsvermögen, solche Formationen und die damit verbundene Gefahr zu erkennen.

» **Hangparallel eingewehte Mulden sind gefährlich.**

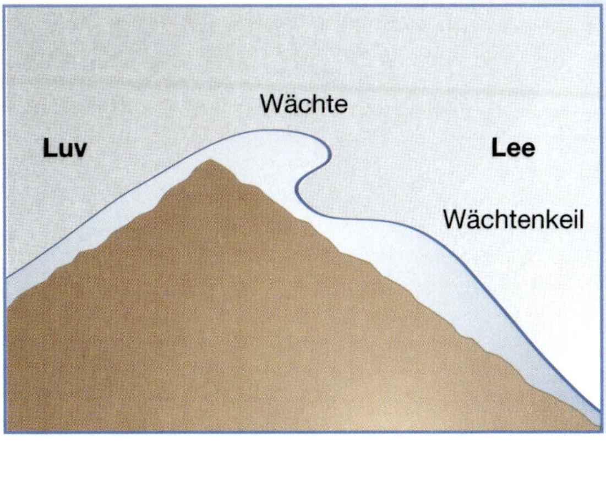

Temperatur

Verschiedene Autoren weisen darauf hin, dass die Schneebrettgefahr bei kalten Schneefällen größer ist als bei Temperaturen um 0 °C. Die Begründung dafür dürfte in der Tatsache liegen, dass Schnee bei Temperaturen um den Gefrierpunkt deutlich plastischer reagiert als kalter Schnee. Er kann insofern auch weniger Spannungen aufbauen. Des weiteren vollziehen sich die Umwandlungs- und Verbindungsprozesse bei kalten Temperaturen langsamer und unter Umständen kommt es zu aufbauender Umwandlung.

► Seite 41/42

» **Große Kälte während des Schneefalls ist gefährlich.**

» **Bei andauernder großer Kälte bleiben gefährliche Situationen länger bestehen.**

Bekanntermaßen ist die aufbauende Umwandlung neben der Temperatur auch von der Schneehöhe abhängig. Bedingung ist ein entsprechend hohes Temperaturgefälle innerhalb des Schnees. Dieses Gefälle wird um so größer, je dünner die Schneedecke ist. Es kommt insofern häufig vor, dass Bereiche mit wenig Schnee wesentlich mehr aufgebaut und damit instabiler sind als Bereiche mit viel Schnee.

► Seite 42/43

» **Bei wechselnder Schneehöhe verursachen niedrige Temperaturen Inhomogenitäten.**

Betrachten wir die 0 °C-Grenze. Schneefälle bei Temperaturen um 0 °C sind im Allgemeinen günstig. Besonders wenn es zunächst feucht schneit oder sogar regnet, pappt der Neuschnee am Altschnee fest und erreicht eine hohe Stabilität. Liegt dieser Fall vor, sind die unglaublichsten Tiefschnee-Erlebnisse möglich. Sich hineinfallen lassen in das stiebende Element, powdern bis zu der Grenze, an der das lockere Weiß oberflächlich zu rutschen beginnt. Doch Achtung: Die gute Verbindung zur Altschneedecke verschlechtert sich ab einer gewissen Meereshöhe sprunghaft. Die Grenze befindet sich dort, wo der Schneefall nicht mehr feucht begann, sondern von vorneherein trocken erfolgte.

Die Verformbarkeit in Abhängigkeit von der Schneetemperatur.

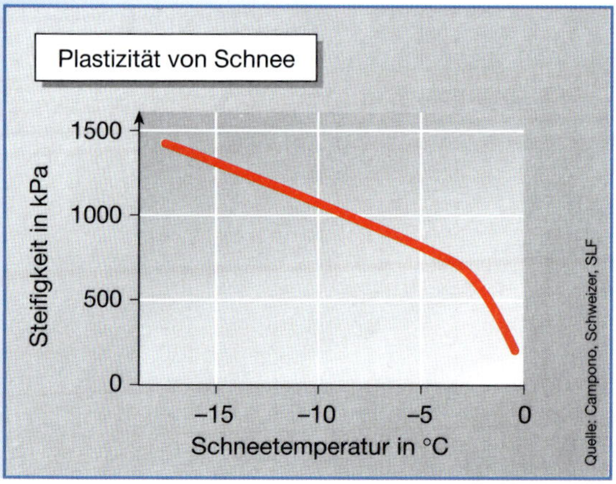

» **Regen, der in Schnee übergeht oder Pappschnee bildet eine stabile Verbindung mit der Altschneedecke.**

» **Diese stabile Verbindung existiert ab einer gewissen Meereshöhe nicht mehr.**

Die 0 °C-Grenze ist für Schattenhänge regional eine recht konstante Größe. Das heißt, wenn beispielsweise im Wetterstein infolge einer längeren Wärmeperiode schattseitige Schmelzvorgänge bis in eine Höhe von 2000 m auftreten, dann werden vergleichbare Schmelzvorgänge auch im Karwendel bis in die gleiche Höhenlage zu erwarten sein. Oder wenn es zunächst bis auf 2000 Meter Höhe regnet, bevor der Regen in Schnee übergeht, dann wird auch dieser Vorgang regional ähnlich ablaufen.

» **Schmelzvorgänge infolge hoher Temperaturen fördern die Homogenität der Schneedecke.**

Strahlung

Südseiten sind wärmer als Nordseiten. Diese Trivialität hängt mit der Sonneneinstrahlung zusammen und bewirkt in südseitig exponierten Hängen eine schnellere Setzung und Stabilisierung der Schneedecke. Häufig ist dieser Vorgang mit einem oberflächlichen Anfeuchten des Schnees verbunden, was nach späterem Abkühlen zu Harsch-Schichten führt. Ob die Strahlung zu einem Anfeuchten der Schneedecke führt, hängt von Hangsteilheit, Exposition, Höhenlage und Abschattung sowie Temperatur, Wind und Reflexion ab. Sind alle diese Parameter ähnlich, ist auch mit einem ähnlichen Resultat zu rechnen.

► Seite 43

Man kann allerdings nur in sehr ebenmäßigen Hängen davon ausgehen, dass alle Parameter wirklich ähnlich sind. Schon geringe Änderungen können zu recht unterschiedlichen Resultaten führen. So findet man beispielsweise Harschplatten neben Pulver, obwohl nur minimale Änderungen in der Exposition vorliegen. Oder eine tragende Harschplatte geht im Verlauf der Abfahrt in Bruchharsch über, weil in der tieferen Lage die Sonne täglich für einen gewissen Zeitraum abgeschattet war.

» **Strahlungseffekte bewirken in der Regel Inhomogenitäten in der Schneedecke.**

Wolkenloser Himmel wird als »Strahlungswetter« bezeichnet. Charakteristisch dabei sind starke Temperaturschwankungen zwischen Tag und Nacht. Diese Schwankungen dringen ca. 20 Zentimeter in die Schneedecke ein. Nachts entsteht oberflächennah ein starker Temperaturgradient. Es kommt zu aufbauender Umwandlung. Dieser Prozess wird tagsüber zwar unterbrochen, aber nicht rückgängig gemacht. In Nordexpositionen führt Strahlungswetter somit insgesamt häufig zu aufgebautem Schnee in Oberflächennähe.

► Seite 41

Bei klarem Himmel reflektiert Neuschnee einen Großteil der einfallenden Sonnenenergie. Aufziehende Schichtbewölkung verhindert die Abstrahlung und lenkt die Energie wieder auf die Schneedecke zurück. Man bemerkt diese Re-Reflexion als deutliches Ansteigen der Temperatur. Strahlungsvorgänge dieser Art können bis zu 50 Zentimeter in die Schneedecke eindringen.

Ein weiterer Effekt ist die Bildung von Oberflächenreif. Während klarer Nächte kommt es zu einer Unterkühlung der Schneeoberfläche gegenüber der Lufttemperatur. Bei entsprechenden Verhältnissen führt dies zu Kondensation (Resublimation) von Luftfeuchtigkeit und somit zu Reifbildung. Der Reif wächst in wunderschönen Plättchenkristallen und ist zunächst harmlos. Eingeschneit stellt er aber eine ideale Gleitfläche dar. Reif hat kaum Überlebenschancen, wenn er tagsüber direkter Sonneneinstrahlung ausgesetzt ist. Insbesondere die Abschattung entscheidet somit über Sein oder Nicht-Sein.

▶ Seite 13/14

Spuren

Wie jeder Tourengeher weiß, haben bestehende Ski- oder Snowboardspuren die unangenehme Eigenschaft, sich im Lauf der Zeit ganz erheblich zu verfestigen. Mehrere eingeschneite Spuren innerhalb der Schneedecke tragen somit zur Stabilisierung eines Hanges bei.

▶ Seite 41

Man stelle sich einen steilen, oberflächlich aufgebauten Pulverschneehang und ergiebige Neuschneefälle vor. Das Resultat ist ein Schneepaket auf einer instabilen Basis, also eine höchst gefährliche Situation. Wurde derselbe Hang vorher flächendeckend befahren, so ist eine Auslösung unwahrscheinlich. Der aufgebaute Schnee hat sich im Bereich der Spuren erheblich verfestigt. Darüber hinaus bilden die entstandenen Unebenheiten gute Verankerungsmöglichkeiten für den Neuschnee.

Diese Stabilisierung tritt aber nur bei flächendeckender Befahrung des Hanges ein. Einzelne Skispuren verursachen zwar lokal denselben Effekt, können aber eine Auslösung nicht verhindern. Der Initialbruch passiert einfach irgendwo zwischen den Spuren. Die hohen Kräfte, die dann im Rahmen der Bruchfortpflanzung auftreten, werden auch den durch die Spuren stabilisierten Schnee mit abscheren.

▶ Seite 17
▶ Seite 22/23

» **Ständiges flächendeckendes Befahren von Hängen bewirkt eine erhebliche Stabilitätszunahme.**

» **Einzelne eingeschneite Spuren verhindern eine Auslösung nicht.**

Flächig verspurter Hang. Die Spuren erhöhen die Stabilität nach neuerlichem Einschneien.

Stabilitätsmessungen können durch eingeschneite Spuren völlig irreführend enden. Ein zufällig unmittelbar über einer alten Spur durchgeführter Test wird ein wesentlich stabileres Resultat liefern als ein Test, der neben der Spur erfolgte. Es ist nicht unwahrscheinlich, dass große Stabilitätsschwankungen, die hin und wieder auf engstem Raum festgestellt werden, auf diesem Effekt beruhen.

► Seite 67

Witterungsverlauf

Wie schon ausgeführt, ist der Temperaturverlauf sehr bedeutungsvoll für die Entwicklung der Schneedecke. Nimmt man Niederschlagstätigkeit, Wind und Strahlung mit hinzu, so erhält man den Witterungsverlauf. Wer sich intensiv mit der Entwicklung der Schneedecke beschäftigt, notiert während des ganzen Winters die folgenden Daten:

► Seite 76
► Seite 72
► Seite 73 ff., 77

- Temperatur: 0 °C-Grenze bzw. Minustemperatur in Tallage
- Niederschlag: Neuschneemenge bzw. Regen
- Wind: Stärke und Richtung
- Strahlung: Zeiten mit klarem Himmel

Es lohnt sich, diese Daten regelmäßig zu dokumentieren. Mit einem Witterungsdiagramm kann man die Entwicklung der Schneedecke in unterschiedlichen Höhenlagen und Expositionen gut nachvollziehen. Wer mit derartiger Vorinformation auf Tour geht, muss nicht vor Ort damit begin-

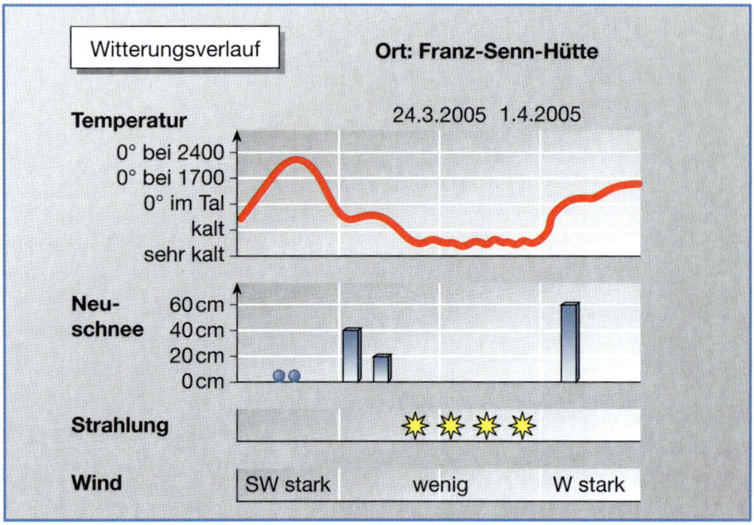

Witterungsverlauf nach Martin Engler [1]. Die Kügelchen bedeuten Regen, alle anderen Symbole erklären sich selbst.

nen, sich ein Bild von der Lage zu machen. Er wird vor Ort lediglich seine bereits existierende Vorstellung überprüfen. Stimmen meine Vorannahmen mit dem überein, was ich tatsächlich im Gelände erlebe?

» **Die Kenntnis des Witterungsverlaufs ermöglicht Vorannahmen bezüglich der Verhältnisse.**

Wer viel unterwegs ist und ein paar graue Zellen übrig hat, kann sich den Witterungsverlauf auch merken. Erinnerungen sind zwar nicht so genau wie Aufzeichnungen, bedeuten aber deutlich weniger Aufwand. Zumindest die wesentlichen Temperatureinbrüche, Niederschlagsperioden und Strahlungswetterzeiten sollte ein engagierter Tourengeher parat haben. Sie ermöglichen ihm ungefähre Prognosen. Diese fließen sowohl in die Tourenauswahl als auch in die Beurteilung vor Ort mit ein.

» **Vorannahmen sind nützlich für die Tourenauswahl und eine wichtige Grundlage der Einzelhangbeurteilung.**

Gleichzeitig bergen Vorannahmen auch ein Gefahrenpotential. Habe ich erst einmal ein bestimmtes Bild der vermeintlich herrschenden Verhältnisse im Kopf, kann dies den weiteren Informationsprozess beeinflussen. Im Sinne »selektiver Wahrnehmung« werde ich bevorzugt Informationen suchen, die mein bereits bestehendes Bild stützen. Es gilt, sich dieses Effektes bewusst zu sein.

1) Engler (1999)

Entscheiden und Verhalten

Die bisher dargelegten Sachverhalte und Zusammenhänge bieten eine solide fachliche Grundlage für Entscheidungen. Unser Wissen wird aber hinfällig, wenn psychologische Einflussfaktoren die Regie übernehmen. Wir können Informationen sammeln und beurteilen soviel wir wollen. Sobald wir in einen Hang hineinfahren, weil der Schnee gerade megacool ist oder weil jemand aus der Gruppe auf einen beherzten Entschluss wartet, solange wird sich an der Zahl der Lawinenunfälle nicht viel ändern.
Der Psychologe Bernhard Streicher[1]) sieht zwei gleichwertige Entscheidungsebenen bzw. Ursachen für Fehlentscheidungen.

- Zum einen die Kompetenz, relevante Informationen einzuschätzen und adäquat beurteilen zu können
- und zum anderen psychologisch–gruppendynamische Komponenten.

Mit Recht weist er darauf hin, dass die knappe Darstellung psychologischer Einflüsse in diesem Buch keinesfalls ihrer wirklichen Bedeutung entspricht. Sie ist in der Realität außerordentlich wichtig, und viele Unfälle lassen sich auf psychologische Faktoren zurückführen.

» Entscheidungen werden oft durch psychologische Effekte beeinflusst.

Spaß, Selbstdarstellung, Gruppendruck und besonders der »Risky Shift«-Effekt haben auf uns alle viel mehr Einfluss als wir wahrhaben wollen. Risky Shift bedeutet, dass im Rahmen von Entscheidungsprozessen die Tendenz besteht, frühere Entscheidungen durch spätere Entscheidungen zu bestätigen. War eine frühere Entscheidung risikoreich, wächst die Wahrscheinlichkeit, zu einem späteren Zeitpunkt eine noch risikoreichere Entscheidung zu treffen. Gruppen sind für derartige Effekte anfälliger als Einzelpersonen. Daher die Formel »Gruppe gleich höheres Risiko«.
Neben Risky Shift und den anderen Effekten gibt es noch einen Effekt, den jeder Tourengeher bestätigen können wird. Man schätzt die Lawinengefahr bei Sonnenschein geringer ein als bei düsterem, wolkenverhangenem Himmel. Psychologie pur.

Munter[2]) betont immer wieder den »Faktor Mensch«. Mit »3 x 3« hat er ein übersichtliches Schema geschaffen, das die Phasen »Tourenplanung«,

1) Streicher (2000)
2) Munter (1997)

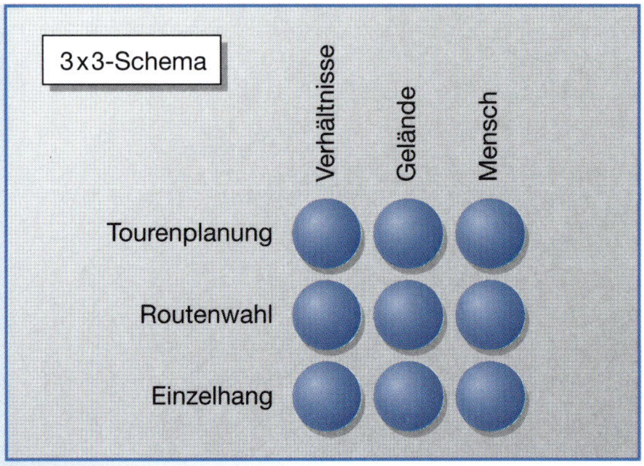

»Routenwahl« und »Einzelhangbeurteilung« jeweils unter den Gesichtspunkten »Verhältnisse«, »Gelände« und »Mensch« darstellt. Das Schema ist eine ausgezeichnete Checkliste, mit der man in der jeweiligen Phase prüfen kann, ob man alles Wichtige beachtet hat. 3 x 3 liefert aber keine konkreten Handlungsanweisungen, was den Entscheidungsprozess betrifft. Hier setzt das Entscheidungskonzept von Martin Engler[1]) an, das seit einiger Zeit in der Ausbildung beim Deutschen Alpenverein vermittelt wird. Es besagt in groben Zügen:

► Seite 94/95

- Sammle die zur Verfügung stehenden Einzelinformationen.
- Bewerte nicht vorhandene Informationen zunächst als ungünstig.
- Mache Vorannahmen über die Verhältnisse.
- Formuliere Grenzbedingungen, bei denen Du umkehren wirst, sofern sie tatsächlich eintreten.
- Bestimme Checkpunkte, an denen Du deine Vorannahmen mit der Realität vergleichen wirst.

Tourenplanung

Nehmen wir eine 3 x 3-Checkliste nach Munter[2]) und prüfen, was im Einzelnen in den Bereichen Verhältnisse, Gelände und Mensch zu berücksichtigen ist.

Tourenplanung / Verhältnisse

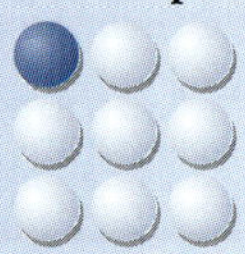

- Lawinenlagebericht
- Wetterprognose
- Auskünfte von Lokalexperten und Vertrauenspersonen
- Weitere Infos

1) Engler (1999)

2) Das Original von Munter wurde in folgenden Punkten modifiziert: Tourenplanung / Gelände: »Luftbilder« fehlt; Routenwahl / Gelände: »Mit Feldstecher überprüfen« fehlt; Routenwahl / Mensch »(evtl. Absprachen)« fehlt; Einzelhang / Verhältnisse: »(u.a. abhängig von der Gefahrenstufe): Was hängt alles zusammen?« fehlt, »Alarmzeichen« zusätzlich; Einzelhang / Mensch: »Führungstaktik« fehlt.

Lawinenwarnzentrale
im Bayer. Landesamt für
Wasserwirtschaft

Lawinenlagebericht

für den bayerischen Alpenraum

vom Dienstag, 11. Januar 2000 7:30 Uhr

Nr.036

Gefahrenstufe

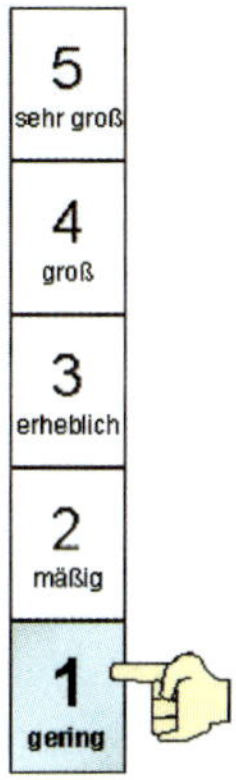

Allgemeines:

Im bayerischen Alpenraum herrscht Hochdruckeinfluss. Bei meist sonnigem Wetter liegen die Temperaturen heute in 2000 m um -7 Grad.

Schneedecke:

Die Schneedecke ist allgemein gut gesetzt und weitgehend spannungsfrei. Sonnseitig bedeckt meist eine wenig tragfähige Schmelzharschschicht die Schneeoberfläche, schattseitig ist die Schneedecke vielerorts locker.

Beurteilung der Lawinengefahr:

Es besteht eine geringe Lawinengefahr.
Abgesehen vom extremen schattseitigen Steilgelände hoher Kammlagen, wo bei großer Zusatzbelastung noch vereinzelt eine Auslösung von Schneebrettlawinen möglich ist, herrschen allgemein lawinensichere Verhältnisse.
An stark besonnten grasigen Steilflächen sind vereinzelte Gleitschneerutsche möglich.

Hinweise:

Bei Fortbestand des Hochdruckwetters wird sich die Lawinensituation in den nächsten Tagen nicht wesentlich ändern.

Der Lawinenlagebericht wird von allen Alpenstaaten auf Bundes- oder Landesebene erstellt. Man erhält ihn über Telefonansage, Faxabruf oder Internet. Die Nummern finden Sie im Anhang. Der Lawinenlagebericht ist allgemeinverständlich formuliert und gibt Informationen zur generellen Lage, zum Schneedeckenaufbau und zur Beurteilung der Lawinengefahr. Des Weiteren sind Hinweise für Tourengeher enthalten. Der Lawinenlagebericht ist alpenweit in fünf Gefahrenstufen unterteilt.

► Seite 106

Grad	Gefahr	Empfehlung 1	Empfehlung 2
1	gering	steilste Hangpartie < 40°	auch Steilhänge möglich
2	mäßig	steilste Hangpartie < 35°	steilste Hangpartie < 40°
3	erheblich	steilste Hangpartie < 30°	steilste Hangpartie < 35°
4	groß	steilste Hangpartie < 25°	steilste Hangpartie < 30°
5	sehr groß	generell keine Touren	generell keine Touren

Empfehlung 1
Gilt für die im Lagebericht genannten Gefahrenbereiche

Empfehlung 2
Gilt für alle sonstigen Bereiche

Es gehört heutzutage zu den Sorgfaltspflichten eines Tourengehers, den Lawinenlagebericht einzuholen. Wer auf Nummer sicher gehen möchte, hält sich an die umseitig gegebenen Empfehlungen. Empfehlung 2 läuft auch unter dem Begriff »elementare Reduktionsmethode«.

Wettervorhersagen erhält man in Zeitungen, per Telefonansage oder im Internet. Sich vor der Tour über das erwartete Wetter zu informieren, ist ebenso wie das Einholen des Lawinenlageberichtes eine Selbstverständlichkeit. Hauptgefahr im Zusammenhang mit dem Wetter sind Kaltfronten. Sie bedeuten Abkühlung, Niederschlag, Wind und schlechte Sicht. Kaltfronten werden in den Wetterberichten meist zuverlässig vorhergesagt. Auskünfte kann man von Experten wie Hüttenwirten oder persönlich bekannten Bergführern erhalten. Auch sonstige Bekannte, die gerade in dem Gebiet unterwegs waren, kommen in Frage. Zu den Experten ist anzumerken, dass sie nicht per se in der Lage sind, korrekte Auskünfte zu erteilen. Sie müssen sich genauso wie Normalsterbliche mit der Situation in einem bestimmten Gebiet befasst haben.

▶ Seite 104

Tourenplanung / Gelände

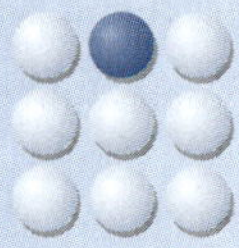

- Karte 1:25.000
- Führerliteratur
- Fotos
- Eigene Geländekenntnisse

Fotos sind optimal, um eine plastische Vorstellung von der geplanten Tour zu erhalten. Sie sind leider nicht immer verfügbar. Auf der Karte vergegenwärtigt man sich die vorgesehene Route. Die maximalen Hangsteilheiten werden bestimmt und sonstige Gefahrenstellen ermittelt. Sonstige Gefahrenstellen sind beispielsweise oberhalb der Route befindliche Einzugsgebiete für größere Lawinen. Auch die Exposition ist zu berücksichtigen. In diesem Zusammenhang ist die Verteilung der Skifahrerlawinen von Bedeutung. Das Diagramm zeigt, dass sich die überwiegende Anzahl der Unfälle in Expositionen um Nord und Nordost ereignet hat. In diesen Expositionen ist somit besondere Vorsicht geboten.

▶ Seite 51 ff.

Tourenplanung / Mensch

- Wer kommt voraussichtlich mit?
- Verfassung (körperlich / psychisch)
- Ausrüstung
- Ausbildung und Erfahrung / Kompetenz
- Wer ist verantwortlich?

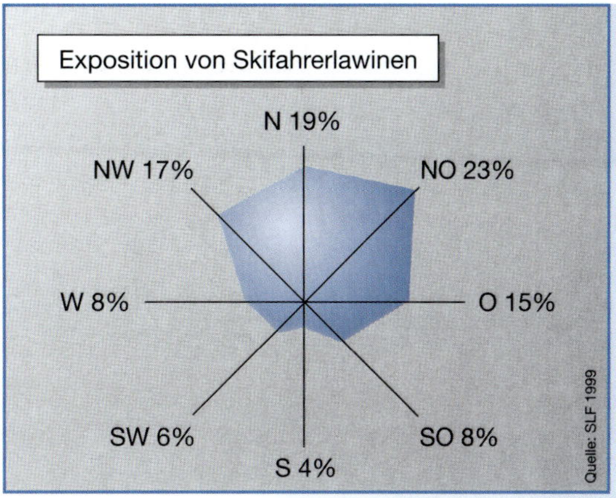

Windverfrachtungen und die langsamere Setzung in schattigen Hängen führen zu einem erhöhten Risiko in nördlichen und östlichen Expositionen.

Alle Teilnehmer müssen den physischen Anforderungen der Tour gewachsen sein. Bereits im Rahmen der Planung an die eigenen konditionellen Grenzen oder die konditionellen Grenzen anderer Teilnehmer zu gehen, wäre ein schwerer Fehler. Ist man sich bezüglich der Kondition nicht sicher, sollte eine Tour geplant werden, die man jederzeit abbrechen kann. Aufstieg und Abfahrt müssen dafür identisch sein.

Auch in psychischer Hinsicht müssen die Teilnehmer der Tour gewachsen sein. Beispielsweise gibt es Touren, die sicheres Aufsteigen und Abfahren in absturzgefährdetem Gelände erfordern. Im Rahmen von Rundtouren oder Durchquerungen können Situationen auftreten, die kein Zurück mehr zulassen. Teilnehmer mit übertriebener Angst vor Wettersturz, Spaltengefahr oder Biwak können einen Risikofaktor darstellen.

Schaufel, Sonde und Erste-Hilfe-Set gehören standardmäßig in jeden Rucksack. Ein Lawinenverschüttetensuchgerät (VS-Gerät) hat ebenfalls jeder Tourengeher mitzuführen (nicht im Rucksack!). Biwaksack bzw. -säcke und einige Reepschnüre für Skischlittenbau plant man je nach Gruppengröße ein. Moderne Geräte, die eine Verschüttung verhindern sollen (Avalange Ballon System) oder Atmen in verschüttetem Zustand ermöglichen (Avalung) sind nicht Standard, können aber in der entsprechenden Situation sehr hilfreich sein.

» VS-Gerät, Schaufel, Sonde und Erste-Hilfe-Set gehören zur Standardausrüstung.

Die persönliche Ausrüstung wird hier nicht weiter behandelt, genausowenig wie der Umgang mit den VS-Geräten. Zu letzteren sei allerdings angemerkt, dass es sehr wichtig ist, mit dem eigenen Gerät regelmäßig Suchübungen durchzuführen. Auf diesem Weg lernt man die Funktionen seines VS-Gerätes kennen und bleibt mit ihnen vertraut. In der Hektik eines tatsächlichen Unfalls muss das Gerät souverän beherrscht werden. Effektives Arbeiten ist sonst nicht möglich. Bei der Punktortung spart man viel Zeit, wenn man eine Sonde zur Verfügung hat und den Verschütteten sondieren kann. Man erfährt damit neben der exakten Lage auch die Verschüttungstiefe. Effektives Arbeiten ist im Ernstfall außerordentlich wichtig, da die Überlebenschancen der Verschütteten nach ca. 10 Minuten dramatisch sinken.

Der letzte Punkt der Checkliste ist die Frage der Verantwortung. Auch hier spielen psychologische Effekte eine bedeutende Rolle. Sobald es den »Führer« gibt, hört man auf zu denken und überlässt ihm gerne die anstehenden Entscheidungen. Der wird's schon wissen.

Juristisch werden gleich erfahrene Tourengeher als eigenverantwortlich eingestuft. Doch schon bei nachweislich mehr Erfahrung eines Mitgliedes und insbesondere bei geführten Touren kommt dem Leiter eine Garantenstellung zu. In Österreich wird bei Unfällen mit Personenschaden generell staatsanwaltschaftlich ermittelt und in Deutschland bei Unfällen mit Todesfolge. Die Tendenz der Rechtssprechung geht dahin, dass Führer zur Rechenschaft gezogen werden, wenn sie Sorgfaltspflichten missachtet haben.

Routenwahl

Im Gegensatz zur Tourenplanung wird Routenwahl hier in dem Sinne verstanden, dass man das betreffende Gelände bereits einsehen kann. Es geht also um die Situation auf einer Hütte, um den Tourenbeginn oder um den Beginn eines neuen Tourenabschnittes, den man bisher nicht einsehen konnte.

Routenwahl / Verhältnisse

- Allgemeine Schneeverhältnisse ► Seite 90 ff.
- Windverfrachtungen ► Seite 73 ff.
- Kritische Neuschneemenge und Alarmzeichen ► Seite 72
- Ist heute alles umgekehrt: Süd gefährlicher als Nord? In der Höhe besser als unten?
- Lawinenlagebericht prüfen und wenn nötig anpassen
- Wetter / Tendenz: Sicht, Bewölkung, Wind, Niederschlag, Temperatur

Die meisten dieser Punkte sind aus den vorhergehenden Kapiteln bereits bekannt. Die Neuschneemenge und besonders der Grad der Windverfrachtungen müssen mit den Voorannahmen verglichen werden. Bei den auf größere Distanz erkennbaren Alarmzeichen handelt es sich in erster Linie um bereits existierende frische Schneebretter. Die Frage, ob heute alles umgekehrt sei, regt zum Nachdenken an. Mit dem bereits erworbenen Wissen lassen sich Situationen entwerfen, die solche Bedingungen ergeben.

Das Überprüfen und besonders das Anpassen des Lawinenlageberichtes ist ein heikles Thema. Wer ist aufgrund welcher Informationen dazu berechtigt und wer nicht? Fakt ist, dass der Lawinenlagebericht für ein relativ großes Gebiet erstellt wird und somit nicht alle regionalen Besonderheiten berücksichtigen kann. Da kommt es schon mal vor, dass die Gefahr in einer bestimmten Gegend um einen Grad zu hoch oder zu tief angegeben wird.

► Seite 83

Routenwahl / Gelände

- Stimmt meine Vorstellung von Relief, Dimension, Exposition und Steilheit?
- Sind eventuell vorhandene Skispuren dem Gelände und den Verhältnissen angepasst?

Es geht darum, die im Rahmen der Tourenplanung entwickelten Vorstellungen zu überprüfen. Sieht das Gelände wirklich so aus, wie ich es infolge meines vorausgegangenen Kartenstudiums erwarte. Gibt es S-Profile und somit Hangversteilungen, die aus der Karte nicht ersichtlich waren.

► Seite 51

Noch ein paar Worte zu vorhandenen Skispuren. Sie liefern keine Information darüber, ob der Hang ständig befahren wurde. Auch wenn viele sichtbare Spuren vorhanden sind, muss das nicht heißen, dass auch innerhalb der Altschneedecke Skispuren existieren. Den stabilisierenden Effekt, den ständiges Befahren verursacht, darf man also gedanklich nur einbeziehen, wenn man explizit weiß, dass der Hang auch schon früher im Verlauf des Winters regelmäßig befahren wurde.

► Seite 78/79

Ist die vorhandene Spur dem Gelände angepasst?

Vorhandene Spuren verraten viel über den Spurenden. Sie können souverän und lawinensicher angelegt sein. Sie können aber auch wie Hasenfährten zick-zack im Gelände verlaufen, in der Steigung variieren oder gefährliche Hänge betreten. Darüber hinaus kann ein Hang zum Zeitpunkt der Entstehung der alten Spur sicher gewesen sein, zum momentanen Zeitpunkt aber gefährlich.

»» Misstraue vorhandenen Spuren. Erscheinen sie schlecht gewählt, lege eine neue Spur an.

Routenwahl / Mensch

- Wer ist in meiner Gruppe?
- Ausrüstungs- und VS-Kontrolle
- Wer ist sonst noch unterwegs?
- Zeitplan laufend überprüfen

Auch hier geht es darum, die tatsächliche Situation mit der ursprünglichen Planung zu vergleichen. Stimmen Kondition und Einstellung aller Beteiligten. Selbstdarstellungsallüren und übergroße Tiefschneegeilheit können als Risikofaktoren betrachtet werden.

Bei der VS-Kontrolle muss jeder darauf achten, dass sein Gerät anschließend wieder auf Senden steht. Gibt es einen Leiter, so sollte dieser zuerst die Empfangs- und anschließend die Sendefunktion bei seinen Teilnehmern prüfen. So muss kein Teilnehmer nach der Kontrolle noch etwas am VS-Gerät verstellen.

Für die Zeitplanung im Aufstieg rechnet man generell mit etwa 300 Höhenmetern pro Stunde. Flotte Tourengeher können auch mit 400 Metern kalkulieren. Bei Spurarbeit oder langen Flachstücken ist ein zusätzlicher Zeitbedarf einzuplanen.

Einzelhang

Nach Tourenplanung und Routenwahl muss jeweils im Einzelfall entschieden werden, ob ein bestimmter Hang betreten wird oder nicht. Falls »nein« stellt sich die Frage, ob man den Hang umgehen kann, die Routenwahl modifiziert oder die Tour insgesamt abbricht. Die letzte Stufe von 3 x 3 bietet für die konkrete Entscheidung folgende Stichpunkte:

Einzelhang / Verhältnisse

- Neuschneemenge überprüfen
- Frische Triebschneeansammlungen
- Alarmzeichen
- Sicht
- Einstrahlung
- Ausmaß eines möglichen Schneebretts

Die »Alarmzeichen« fehlen an dieser Stelle in der Originalversion von 3 x 3. Trotzdem sind sie genau hier außerordentlich wichtig. Es handelt sich um Wumm-Geräusche, Fernauslösungen und Vibrationen in der Schneedecke. Keiner dieser Gefahrenhinweise ist in der Hütte oder zu Beginn einer Tour wahrnehmbar.

► Seite 18, 33, 49

Einzelhang / Gelände

- Was ist über / was ist unter mir?
- Steilste Hangpartie
- Exposition
- Kammnähe
- Höhenlage
- Hangform (Relief)

Hier werden, sozusagen aus der Nähe, nochmals die Geländeparameter mit der zuvor entwickelten Vorstellung verglichen. Es kommt durchaus vor, dass beispielsweise die Hangneigung deutlich steiler oder flacher ausfällt, als man dies zunächst eingeschätzt hatte.

► Seite 52/53

Einzelhang / Mensch

- Müdigkeit, Disziplin, Skitechnik
- Hang tatsächlich ständig befahren?
- Vorsichtsmaßnahmen: Abstände, Korridor, Spurfahren, Sammelpunkte, Umgehungen

► Seite 30, 32

Bei den Abständen sind Entlastungsabstände und Sicherheitsabstände zu unterscheiden. Sicherheitsabstände sind während der Abfahrt realisierbar und bewirken, dass sich jeweils nur eine Person im potentiellen Gefahrenbereich befindet. Korridor bedeutet, dass nur ein bestimmter Hangbereich (z. B. 10 Meter rechts und links der Spur des Leiters) zum Fahren freige-

Steile Passagen sollen einzeln befahren werden.

geben wird. Spurfahren kommt bei schlechten Skifahrern, schlechten Schneeverhältnissen oder schlechter Sicht in Frage. Bei den Sammelpunkten sind die erhöhte Belastung der Schneedecke und der Auslaufbereich möglicher Lawinen zu bedenken.

► Seite 30, 32

► Seite 99/100

In der Praxis muss herausgefiltert werden, welche Kriterien des 3 x 3-Schemas aktuell von Bedeutung sind. Diese Kriterien sind korrekt zu beurteilen und anschließend zu einer praxisgerechten Entscheidung zu kombinieren. Insbesondere im Bereich Verhältnisse ist dies aber nach wie vor schwierig.

► Seite 94 ff.

Faktorencheck

Der Punkt »allgemeine Schneeverhältnisse« im Filter Routenwahl bedarf einer genaueren Analyse. Es ist zu klären, welche Faktoren für die Beurteilung der Schneeverhältnisse relevant sind und was jeweils günstige oder ungünstige Größen sind. Um die wesentlichen Kriterien klar zu beschreiben, ist ein Faktorencheck nach Martin Engler[1]) hilfreich. Abweichend vom Original wird dieser Faktorencheck hier in modifizierter Form und nur für die Verhältnisse dargestellt. Er ermöglicht eine eigene, vom Lawinenlagebericht unabhängige Einschätzung der Schneeverhältnisse. Diese

► Seite 86

► Seite 83

1) Engler (1999)

sollte neben dem Lagebericht als Grundlage für die Tourenauswahl dienen.
Bei den einzelnen Faktoren handelt es sich um Neuschneehöhe, Wind, Temperatur, Zeit sowie Altschnee-Oberfläche und Altschnee-Tiefe. Die Begriffe werden im Folgenden erläutert und mit einer Bewertungstabelle versehen. Darüber hinaus sind gegebenenfalls weitere Effekte genannt, die den Faktor positiv oder negativ beeinflussen.

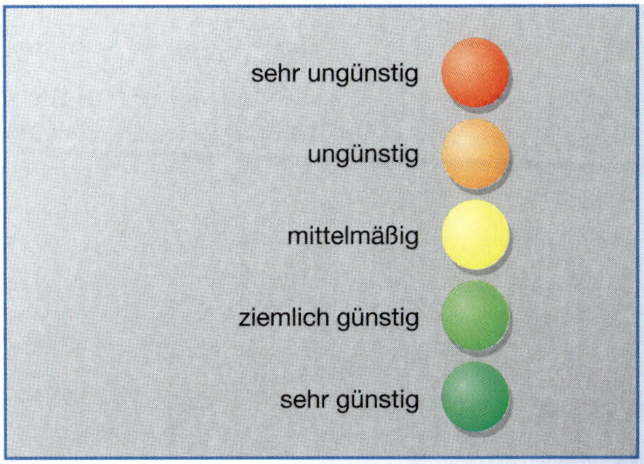

Neuschneehöhe

Mit Neuschnee ist hier der Schnee der letzten Niederschlagsperiode gemeint, selbst wenn diese bereits einige Wochen zurückliegt. Verbinden sich die Niederschläge einer längeren Schlechtwetterperiode zu einer einzigen Schicht, werden sie zusammengefasst. Entsteht eine Zwischenschicht, so zählt der Bereich oberhalb als Neuschnee.

► Seite 72/73

Schneehöhe	Bezeichnung
120 cm	extrem
60 cm	viel
30 cm	mittel
15 cm	mäßig
7,5 cm	wenig

Wind

Hier geht es um die Verfrachtung des »Neuschnees«. Die Verfrachtung kann sowohl während der Schneefälle als auch danach erfolgt sein. In der Skala ist jeweils die Windstärke angegeben. Gegebenenfalls sind Luv und Lee zu unterscheiden.

► Seite 74/75

Windstärke	Lee- und Luv-Effekte
7 (um 55 km/h)	massive Verfrachtung (Lee)
6 (um 44 km/h)	erhebliche Verfrachtung (Lee)
5 (um 33 km/h)	mäßige Verfrachtung (Lee)
4 (um 24 km/h)	massive Verfrachtung (Luv, abgeblasen)
3 (um 16 km/h)	nur geringfügige Verfrachtungen

Temperatur

Grundsätzlich geht es um die Temperatur während und seit der letzten Niederschlagsperiode. Gegebenenfalls ist ein Mittelwert zu bestimmen. Möglicherweise haben aber auch die rechts genannten Effekte Priorität.

► Seite 76/77

► Seite 36/37, 76,

► Seite 47/48

Temperatur	Mögliche weitere Effekte
um −24 °C	starke Erwärmung mit Durchfeuchtung der gesamten Schneedecke
um −12 °C	erste Erwärmung nach kalten Schneefällen
um − 6 °C	
um − 3 °C	
um 0 °C	Kälte nach Durchfeuchtung

Zeit

Hier ist die Zeitdauer seit Ende der letzten Niederschlagsperiode bzw. seit Ende der Windverfrachtungen gemeint.

► Seite 44/45

Zeitdauer
1 Tag
2–3 Tage
1 Woche
2 Wochen
4 Wochen

Altschnee-Oberfläche

Die Altschnee-Oberfläche ist in der Regel die oberste deutliche Grenzschicht innerhalb der Schneedecke. Gegebenenfalls ist nach Hangexpositionen und nach Meereshöhe zu differenzieren.

	Altschnee-Oberfläche
► Seite 41 ff.	Oberflächenreif oder lockerer aufgebauter Schnee
► Seite 14	Eis
► Seite 43	Harsch
► Seite 41, 78	abgebauter Altschnee oder Altschnee-Oberfläche flächendeckend verspurt
► Seite 76/77	feucht eingeschneit und gefroren

Altschnee-Tiefe

Hier geht es um das gesamte Altschneepaket, also von der Altschnee-Oberfläche bis zum Boden. In der Regel ist nach Hangexpositionen und gegebenenfalls nach Schneemächtigkeit zu differenzieren. ► Seite 76/77

Altschnee-Tiefe

- sehr weiche Zwischenschicht(en) oder vollständig aufgebaute Altschneedecke ► Seite 41 ff.
- weiche Zwischenschicht(en) ► Seite 13
- Schwimmschnee am Boden ► Seite 42
- massive Harschplatten ► Seite 43
- kompaktes, abgebautes Schneepaket ► Seite 41

Interpretation

Die Einzelfaktoren sind zunächst unabhängig voneinander zu ermitteln. Sind alle sechs als günstig (grün) oder mittel (gelb) einzustufen, gibt es keinen Grund zur Sorge. Ist einer der Faktoren deutlich ungünstig, wird die Situation schon schwieriger. Kann man stichhaltig begründen, dass der ungünstige Faktor momentan keine große Bedeutung besitzt, ist die Lage nach wie vor in Ordnung. Fehlen solche Argumente, ist Vorsicht geboten. Sind zwei oder mehr Faktoren deutlich negativ, sollte man verzichten oder das Gelände entsprechend sicher wählen.

» **Ist ein Faktor deutlich negativ, bedarf es guter Argumente, die seine aktuelle Bedeutung widerlegen.**

» **Sind zwei oder mehr Faktoren negativ, sollte man verzichten.**

In Einzelfällen können auch zwei negative Faktoren noch in Ordnung sein. Beispielsweise wird ein mächtiges, unter starkem Windeinfluss gefallenes Neuschneepaket nach circa zwei Wochen ziemlich ungefährlich sein, sofern die Faktoren Temperatur und Altschnee passen.
Es ist in keinster Weise Ziel des Faktorenchecks, über die gegebene Empfehlung hinaus irgendwelche Rechenvorschriften auszutüfteln. Die im Einzelfall mögliche Bedeutungslosigkeit eines Faktors sowie die Verknüpfung der Faktoren geschieht mit dem gesunden Menschenverstand. Basis dafür sind die Mechanismen der Schneebrettauslösung und die in den entsprechenden Kapiteln dargelegten Einflüsse auf die Schneedecke.

Entscheidungsprozess

Wie schon erwähnt, ist die schlussendliche Ja-Nein-Entscheidung nicht das Produkt einer kurzfristigen Analyse vor Ort, sondern das Resümee eines viel früher begonnenen Prozesses. Dieser Prozess beginnt idealerweise bereits im Frühwinter mit der Dokumentation des Witterungsverlaufs. Spätestens beginnt er mit der Tourenplanung.

▶ Seite 79/80
▶ Seite 82 ff.

Informationen

Alle relevanten Informationen werden eingeholt. Sinnvollerweise konzentriert man sich hinsichtlich der Verhältnisse von vorneherein auf die Kriterien im Sinne des Faktorenchecks. Zum Zeitpunkt der Planung stehen natürlich noch nicht alle Informationen zur Verfügung. Diese Wissenslücke ist eine der klassischen Fallen. Was ich nicht weiß, macht mich nicht heiß. Man ist immer gerne geneigt, Dinge, die man nicht weiß, unter den Tisch fallen zu lassen. In der Praxis bedeutet ein derartiges Verhalten, dass die später angetroffenen Verhältnisse eher schlechter sein werden als die Vorannahmen und man diese Verschlechterung möglicherweise gar nicht mehr wahrnimmt. Aus diesem Grunde sollte jedes Entscheidungskonzept die nicht bekannten Faktoren mit berücksichtigen. Im Rahmen unseres Checks werden sie als deutlich ungünstig eingestuft oder mit Risikoaufschlag versehen.

▶ Seite 90 ff.
▶ Seite 80

»› Fehlende Informationen werden mit Risikoaufschlag versehen.

Sobald die Möglichkeit besteht, versucht man zu erfahren, wie es sich mit den zunächst unbekannten Faktoren tatsächlich verhält. Da sie im Rahmen der bisherigen Planung als ungünstig beurteilt worden waren, wird die Verifizierung tendenziell eine Verbesserung der Möglichkeiten bedeuten. Diese Situation ist während der Tour wesentlich günstiger als plötzlich von einem »vergessenen« Faktor überrascht zu werden.

Szenario

Nachdem die Einzelfaktoren erfasst und bewertet sind, beginnt ein dedektivisches Kombinieren. Alle Kenntnisse über die Zusammenhänge werden in die Waagschale geworfen. Die Faktoren werden zu einem Szenario verknüpft. Man versucht, die Verhältnisse auf der geplanten Tour so gut wie möglich vorherzusagen. Unterschiedliche Höhenlagen und Expositionen finden dabei Berücksichtigung.

Mit solchen Vorstellungen ausgestattet, geht es während der Tour nicht mehr darum, ein Bild von der Situation zu erhalten, sondern lediglich darum, das bestehende Bild mit der Realität abzugleichen. Bestätigen die im Gelände möglichen Beobachtungen die eigene Vorstellung, so erhöht sich die Wahrscheinlichkeit, dass die Vorstellung korrekt ist. Auf die Gefahr selektiver Wahrnehmung, also dass der Vorstellung widersprechende Beobachtungen ganz einfach übersehen werden, wurde bereits hingewiesen. Passen einzelne Beobachtungen nicht zur Vorstellung, werden wir versuchen, diese Unstimmigkeiten aufzuklären. Das Bestreben, die Vorstellung zu bestätigen oder Unstimmigkeiten aufzudecken, sollte auch Schneedeckentests mit einschließen. Ein Test erfolgt also nicht planlos, sondern von vorneherein mit einer ganz konkreten Absicht.

▶ Seite 80

» Vorannahmen und Grenzbedingungen hinsichtlich der Verhältnisse werden formuliert.

Neben den Vorannahmen macht es Sinn, bereits am grünen Tisch Grenzbedingungen zu formulieren. Sofern sie eintreten, wird man an der gegebenen Stelle umkehren. Dieses Verfahren bewirkt sozusagen eine Beweislastumkehr. Mit festgelegten Grenzwerten geht es vor Ort nicht mehr darum, Gründe für einen Verzicht zu finden. Vielmehr müssen Gründe gefunden werden, um die Tour fortzusetzen. Psychologisch gesehen erleichtert dies eine Umkehr außerordentlich. Fachlich gesehen zwingt man sich zu einer Auseinandersetzung mit der ursprünglich als kritisch eingeschätzten Situation.

Checkpunkte

Der vorletzte Punkt des Entscheidungskonzeptes sind Checkpunkte. Sie können sowohl bereits im Rahmen der Tourenplanung als auch während der Tour festgelegt werden. Es geht nicht um ein starres System, das die eigene Freiheit beschneidet. Es geht darum, an geeigneten Stellen innezuhalten, um die Vorannahmen mit der Realität zu vergleichen. Vorgegebene Checkpunkte erinnern sozusagen daran, dass hier eine Überprüfung fällig ist. Checkpunkte müssen an sicheren Stellen geplant und realisiert werden. Sie sollten darüber hinaus jeweils vor Passagen liegen, die als mögliche Gefahrenstellen eingestuft werden.

▶ Seite 82 ff.

▶ Seite 97 ff.

» Checkpunkte werden im sicheren Bereich vor möglichen Gefahrenstellen geplant und realisiert.

Entscheidung

▶ Seite 94/95

Der letzte Schritt ist die Ja-Nein-Entscheidung. Sie erfolgt am Checkpunkt und ist mitnichten das Resultat einer spontanen Überlegung. Sie ist das Resultat des dargestellten, vielschichtigen Prozesses.
Dieser Prozess ist kein Korsett. Man kann mehr oder weniger tief einsteigen. Weniger Informationen zu besitzen bedeutet lediglich, dass eine größere Sicherheitsreserve erforderlich ist. Das Gelände ist somit entsprechend defensiver zu wählen. Die Informationsdichte kann zu jedem Zeitpunkt erhöht werden. Die Tourenmöglichkeiten nehmen dadurch in der Regel zu. Eine entsprechende Sicherheitsreserve sollte allerdings immer einkalkuliert werden. Niemand wird je in der Lage sein, genau vorherzusagen, ob ein bestimmter Hang hält oder nicht.

Spuranlage

Die Spur ist sozusagen eine Visitenkarte. Eine vom Menschen geschaffene Synthese aus Verhältnissen und Gelände. Bei lawinensicheren Verhältnissen darf die Spur nach Belieben gezogen werden. Ökonomische und ökologische Aspekte sollten dabei im Vordergrund stehen. Besteht Schneebrettgefahr, treten diese Kriterien in den Hintergrund. Die Spur wird so sicher wie möglich angelegt. In punkto Sicherheit sind die vier folgenden Aspekte zu beachten.

Die Spur ist eine Visitenkarte.

Große steile Hänge ohne Verflachungen sollten nur bei sicheren Verhältnissen angegangen werden.

Verflachungen nützen

Häufig ist das Gelände nicht gleichmäßig geneigt, sondern weist Erhebungen und Mulden, Verflachungen und Steilstufen auf. Man spricht von »kupiertem Gelände«. Klar, dass sich der Tourengeher in einem solchen Gelände an die Flachstücke hält. Wie wir wissen, ist die Schneebrettgefahr unterhalb von 30° minimal.

► Seite 27, 83

An dieser Stelle möchte ich beginnen, die Geschichte des Titelfotos zu erzählen. Es zeigt eine Tourengruppe im Aufstieg zur Schulter der Heidelberger Spitze (Silvretta). Die Gruppe hatte vor einigen Minuten ein großes Schneebrett fernausgelöst. Schon während des Anstieges über den flachen Rücken waren wiederholt Wumm-Geräusche aufgetreten. Im Bereich der Spurverzweigungen beschloss man, den Schneedeckenaufbau zu analysieren und stieß auf eine sehr weiche, aufgebaute Zwischenschicht. Da das Gelände lediglich um 25° steil war, beschloss die Gruppe, den Aufstieg bis zur Schulter fortzusetzen. Das bald folgende nächste Wumm verlief nicht wie die bisherigen. Der Strukturbruch pflanzte sich zischend weiter nach links fort und löste die große Südostflanke aus. In dem flachen Gelände rechts bestand aber offensichtlich keine Gefahr. Die Gruppe führte den Aufstieg zur Schulter fort, wie geplant.

► Seite 99

»» Kupiertes Gelände begeht man im Bereich der Verflachungen.

Große, gleichmäßig geneigte Flanken oder steile Kare sind kompromisslos. Sie sollten nur bei sicheren Verhältnissen angegangen werden. Gemäß den

▶ Seite 19/20

Ausführungen zum primären Scherbruch reduziert man eine mögliche Gefahr auch nicht dadurch, dass man die Spur mit Hilfe vieler Kehren auf einen schmalen Korridor beschränkt oder mit den Ski am Rucksack lotrecht aufsteigt.

Rücken statt Mulden

▶ Seite 22 ff.
▶ Seite 75
▶ Seite 21

An dieser klassischen Aussage hat sich nichts geändert. Die relative Sichtweise der Schneebrettauslösung führt aber zu einigen Ergänzungen. Wie wir wissen, sind hangparallel eingewehte Mulden gefährlich und können am leichtesten randlich, also in den Bereichen mit geringer Schneehöhe ausgelöst werden. Wer nach der Logik »im Bereich des Rückens bleiben« seine Kehren großzügig randlich in einer angrenzenden Mulde ausführt, hat damit eine recht hohe Trefferwahrscheinlichkeit. Die Spur muss wirklich im abgewehten Gelände bleiben. Dies kann unbequem sein und sollte in der entsprechenden Situation dazu führen, dass man die Ski trägt.
Riskiert man seitlich in die Mulde hinein zu spuren, so ist der Überlegung »was ist über mir« größtes Augenmerk zu schenken. Entschließt man sich bei entsprechend guten Verhältnissen, die Spur innerhalb einer Mulde hochzuziehen, sollten die randlichen Übergänge zu abgeblasenen Rücken gemieden werden. Man ist in diesem Fall in den Bereichen mit größerer Schneemächtigkeit besser aufgehoben.

››› Wenn Rücken, dann konsequent am Rücken bleiben.

››› Wenn Mulde, dann Bereiche mit großer Schneemächtigkeit bevorzugen.

Achtung vor steilen Mulden. Sie können hangparallel eingeweht sein.

Die Titelstory.
Eine Gruppe hat vor wenigen Minuten die SO-Flanke der Heidelberger Spitze fernausgelöst.
► Seite 97, 100

Oben queren

Hat man eine als nicht ganz sicher eingeschätzte Passage zu queren, sollte man dies in der Regel möglichst weit oben tun. Ist das Gelände oben am Hang flacher, so ist die Entscheidung eindeutig. Ungünstig sind Fälle, in denen sich das Gelände nach oben hin aufsteilt, wie das häufig unterhalb von Felswänden der Fall ist. Hier stehen der gößeren Steilheit die Argumente »nichts über mir« und »höhere Schichtmächtigkeit« gegenüber. Man kann den Hang natürlich auch unten umgehen, sofern eine entsprechende Verflachung vorhanden ist. Dabei ist jedoch die Frage des Auslaufs außerordentlich wichtig. Die Entscheidung, ob und wo gegangen wird, ist nach sorgfältigem Abwägen aller Argumente zu treffen.

► Seite 21

Lawinenauslauf kalkulieren

Wer ein Brett im Bereich des Hangfußes auslöst, hat schlechte Karten. Wird er verschüttet, kommt er mit hoher Wahrscheinlichkeit unten im Lawinenkegel zu liegen. Diese Situation ist besonders gefährlich. Die Chance auf eine Atemhöhle ist gering, die Kameradensuche und besonders das Ausgraben dauern deutlich länger als bei geringer Verschüttungstiefe. Aus diesen Gründen sollte man einen respektvollen Abstand zum Hangfuß einhalten. Die Eigendynamik größerer Bretter darf dabei nicht unterschätzt werden.

Teil zwei der Titelstory zeigt diesen Sachverhalt. Die Spur war im unteren Teil etwa bis zur Mitte der rund 25° steilen Mulde nach links gezogen worden. Bei dieser Steilheit ist ein trockenes Schneebrett so gut wie ausgeschlossen. Die Dynamik der anschließend weiter ober ausgelösten Lawine wurde jedoch unterschätzt. Die Schneemassen donnerten rund 200 Meter durch die flache Mulde und kamen erst an dem dort ansetzenden Gegenhang zum Stillstand (weit unterhalb des abgebildeten Bereiches). Hätte sich zum Zeitpunkt der Auslösung jemand im entsprechenden Spurabschnitt befunden, wären seine Chancen minimal gewesen.

► Seite 99

► Seite 88

Ökonomie

Werner Munter schreibt »Ökonomisch und ästhetisch angelegte Spuren sind in der Regel auch lawinensicherer als die übertrieben sportlichen.«[1]) Dieser Behauptung kann ich mich zwar nicht anschließen, doch ich verstehe gefühlsmäßig, dass hier eine Begründung für etwas gesucht wurde, das Munter und mir gleichermaßen am Herzen liegt. Spuren haben auch ästhetische Aspekte – sie sind gewissermaßen »LandArt«. Sie sind die Verbindung zwischen Mensch und Berg. Sie sollten harmonisch in die unberührte winterliche Landschaft einfügt werden.
Doch Harmonie und salbungsvolle Sätze beiseite. Da das Formulieren gewagter Thesen sozusagen zum Handwerkszeug von Lawinenbuchautoren

1) Munter (1997)

Mögen sich alle Tourengeher als LandArt-Künstler begreifen.

gehört, stelle auch ich eine solche auf. Möge sie dazu führen, dass alle Tourengeher sich als LandArt-Künstler begreifen.

»» These: Die ökonomische Spur ist ästhetisch.

Die Kriterien für Ökospuren sind mit dieser Vorrede allerdings noch nicht geklärt. Also, die ökonomische Spur
- ist gleichmäßig steil,
- hält zwischen den Ski einige Zentimeter Abstand,
- nützt Geländeverflachungen für Richtungsänderungen
- und vermeidet Spitzkehren.

► Seite 59

Wie man eine solche Spur durch kupiertes Gelände oder in mittelsteile Mulden legt, bleibt dem autodidaktischen Geschick des Einzelnen überlassen oder wird von einem versierten Bergführer praxisgerecht vermittelt. Einige Tipps seien hier dennoch angefügt.
Wer auf eine Erhebung hinaufspurt, läuft Gefahr, dahinter ein Flachstück vorzufinden. Im Hinblick auf die konstante Spurneigung ist es besser, Erhebungen seitlich zu umgehen. Unvermeidbare Flachstücke werden in direktem Aufstieg überwunden. Bogenlaufen in mäßig geneigten Mulden führt zu steilen Kurven und flachen Zwischenstücken. Besser ist, entlang der Muldenachse gerade hochzuziehen. Zumindest solange die Steilheit dies zulässt.

»» Erhebungen werden seitlich umgangen.

»» In flachen Mulden spurt man gerade hoch.

Auch unter ökologischen Gesichtspunkten sind einige Grundregeln zu beachten. Wildtiere und Vegetation sollen nicht beeinträchtigt werden. Schneehühner etwa halten sich tagsüber vorzugsweise in abgeblasenen Kammlagen auf. Sie finden dort Nahrung. Touren bei geringer Schneehöhe machen eine Schädigung der Vegetation wahrscheinlich. Hier gilt »Ökonomie gleich Ökologie«, da neben der Schädigung der Vegetation auch eine Schädigung Ihres Skibelages zu erwarten ist. Beachten Sie darüber hinaus Markierungsschilder, die beispielsweise im Rahmen des Projektes »Skibergsteigen umweltfreundlich« des Deutschen Alpenvereins aufgestellt werden.

»» Meiden Sie Einstände von Wildtieren.

»» Unterlassen Sie Skitouren bei geringer Schneehöhe oder schlechter Unterlage.

Abschließende Worte

Wiederholt wurden Versuche unternommen, Hangstabilitäten und Risiken zu quantifizieren. Der erste Versuch war der Norwegertest, der später wegen der vielen Fehlermöglichkeiten stark kritisiert wurde. Der bislang letzte Versuch war die Reduktionsmethode. Beide Methoden wurden zunächst begeistert angenommen. Sie erweckten den Eindruck, die komplexe Thematik der Schneebrettgefahr mit einfachen Formeln in den Griff zu bekommen. Jeweils zeigte sich jedoch, dass die Methoden auch zu Fehleinschätzungen führten.

► Seite 56

► Seite 56/57

Persönlich glaube ich, dass jeder Versuch, das Thema Schneebrettgefahr zu quantifizieren oder es mit statistischen Methoden kontrollieren zu wollen, zum Scheitern verurteilt ist. Anstelle solcher statistischer Denkweisen müssen Modellvorstellungen treten, die den tatsächlichen Auslösemechanismen besser entsprechen, und Entscheidungskonzepte, die sich intensiv mit der Frage der Verhältnisse beschäftigen.

► Seite 90ff.

Statistik

Die Frage der Statistik ist ohnehin vielschichtig. »Glaube keiner Statistik, die du nicht selbst gefälscht hast«, sagt ein geflügeltes Wort. Doch auch korrekte Statistikauswertungen können falsch verstanden werden.
»Über 99% der von Wintersportlern ausgelösten Lawinen sind Schneebrettlawinen, und zwar fast ausschließlich trockene. [...] Ganz anders sieht

Nassschneelawinen sind gefährlich, aber gut kalkulierbar.

Lockerschneerutsche stellen den »harmlosesten« Lawinentypus dar.

die Bilanz aus, wenn man nur die natürlichen Lawinen, das heißt jene, die sich spontan gelöst haben, betrachtet: Bei mehr als der Hälfte (52 %) war der abgleitende Schnee feucht oder nass.«[1])
Die Anzahl der Lawinenabgänge stimmt offensichtlich nicht mit der Anzahl der Unfälle überein. Kein Wunder. Die Unfallstatistik enthält die geschehenen Unfälle. Sie lässt keine Aussage darüber zu, ob eine bestimmte Kategorie Unfälle, die wie oben 99 % ausmacht, gefährlicher ist als die verbleibende Kategorie mit 1 % der Unfälle. Die letztere kann durchaus sehr gefährlich sein. Ist die Gefährdung aber offensichtlich genug und wird sie von den Akteuren korrekt erkannt, dann passieren eben trotz des hohen Gefahrenpotentials nur wenige Unfälle. Auf der anderen Seite kann das Gefahrenpotential in der Situation, die 99 % der Unfälle einschließt, relativ gering sein. Es kommt lediglich darauf an, dass die Gefahr gut getarnt ist. Wenn keiner der Akteure sie erkennt, werden viele Unfälle passieren.

»» Unfallhäufigkeit = Gefahrenpotential x Einschätzbarkeit

Diese Thematik betrifft etliche statistische Zahlen. Die Zahl der Skifahrerlawinen ist ab 40° (steilste Hangpartie) rückläufig und in Hängen mit mehr als 45° sind kaum Unfälle dokumentiert. Hier ist die Situation ziemlich eindeutig und erfreulicherweise hat bislang niemand gefolgert, dass Hänge mit mehr als 45° Neigung ungefährlich seien.
Statistisch ist der basale Scherbruch lediglich in 37 % an der Neuschnee-Altschnee-Grenze erfolgt. 63 % der Schneebretter brachen innerhalb der Altschneedecke. Dieser Befund könnte leicht zu der Annahme verleiten,

1) Schweizer (2000)

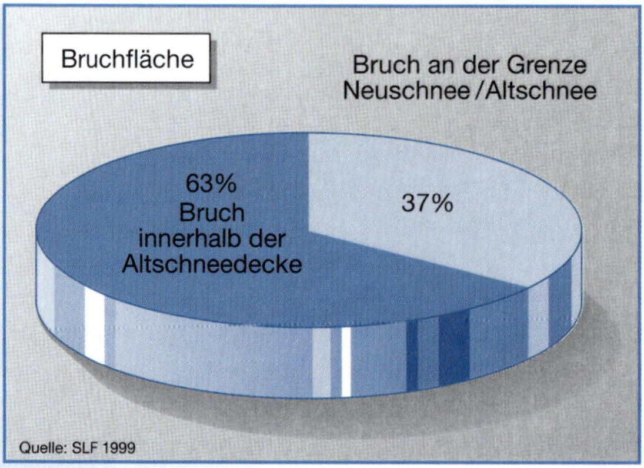

Bei 63% der Lawinenunfälle erfolgte der Bruch innerhalb der Altschneedecke.

die Gefahr an der Neuschnee-Altschnee-Grenze sei gar nicht so groß. In Wirklichkeit muss man aber unterstellen, dass diese Gefahr erheblich besser erkannt wird als Schwachschichten tiefer unten innerhalb der möglicherweise mehrere Wochen alten Altschneedecke. (▶ Seite 43)
Vor dem Hintergrund dieser Betrachtung sollte man mit statistischen Zahlen noch vorsichtiger umgehen als bisher. Sie für Risikoberechnungen zu verwenden, kann nicht zielführend sein – genausowenig wie eine quantitative Einteilung der Schneedecke in Stabilitätsklassen. (▶ Seite 26) Wieviel ist zwei mal zwei? »Vier« antwortet der gefragte Schüler spontan. Ein ebenfalls gefragter Student tippt die Zahlen in seinen Taschenrechner ein und kommt kurz darauf zum selben Ergebnis. Der Professor, dem die gleiche Frage gestellt wird, denkt eine halbe Stunde nach. »Das Problem ist lösbar«, lautet seine abschließende Antwort.

Experten

Im Dezember 1999 rief mich ein Kollege an und bat mich zu skizzieren, was ein Lawinenfachmann meines Erachtens beherrschen müsse. Er benötigte diese Darstellung für seine Diplomarbeit und wünschte sich eine knappe, auf konkrete Fragestellungen bezogene Gliederung. Ich habe daraufhin meinen Wunschexperten formuliert:

- Er besitzt einen Überblick über die bestehenden Aussagen der Lawinenkunde.
- Er ist einigermaßen up-to-date, was neue Veröffentlichungen und Statistiken betrifft.
- Er kann auf mathematische und physikalische Grund(!)kenntnisse zurückgreifen.
- Er besitzt einen gesunden Menschenverstand und kann Verknüpfungen herstellen.
- Er verfolgt den Verlauf der Schneedeckenentwicklung im aktuellen Winter.
- Er kann in Stress- und Euphoriesituationen einen kühlen Kopf bewahren.
- Er gesteht sich ein, bestimmte Dinge nicht zu wissen bzw. nicht vorhersagen zu können.

- Er hat ein »Gefühl« für die jeweilige Situation.
- Er kann neben dem »Gefühl« jeweils konkrete Faktoren für seine Entscheidungen benennen.
- Er ist offen für neue Denkansätze und bemüht darum, sie in sein bestehendes »Weltbild« aufzunehmen.

Das sind ja alles ganz normale Sachen, werden Sie sagen. In der Tat, das Wissen kann man sich peu à peu aneignen und die restlichen Punkte beschreiben im Wesentlichen einen Menschentypus, der die Verantwortung für sein eigenes Handeln übernimmt. Wir brauchen keine Päpste. Wir brauchen viele mitdenkende und eigenverantwortlich handelnde Menschen.
Auch Experten machen Fehler. Immer wieder kommt es zu Unfällen, an denen Übungsleiter oder Bergführer beteiligt sind. Dies sollte uns veranlassen unseren Respekt vor den Experten zu verlieren. Entgegen einer gesellschaftlichen Entwicklung, die uns einzureden versucht, dass für jeden Zweck ein Experte erforderlich sei. Dass Ärzte unsere Krankheiten heilen könnten. Sie können es nicht. Sie können lediglich unserem Körper helfen, sich selbst zu heilen. Verlieren wir unseren Respekt vor den Experten. Benützen wir sie, um von ihnen zu lernen. Zwingen wir sie, uns ihre Entscheidungen transparent zu machen.

Natur

Im gleichen Maß, wie wir unseren Respekt vor den Experten verlieren, sollten wir der Natur gegenüber ehrfürchtiger werden. Uns eingestehen, dass wir gewisse Zusammenhänge nicht verstehen und manche Ereignisse nicht vorhersehen können. Der Schneebrettabgang am Schneefernerkopf kann zwar mit der relativen Sichtweise plausibel erklärt werden, er hätte aber selbst mit der besten Modellvorstellung niemals vorhergesagt werden können.

► Seite 10/11
► Seite 22 ff.

Unsere Unvollkommenheit sollte nicht dazu führen, dass wir die Natur als ein Konglomerat von Zufällen betrachten. Bildlich gesprochen sagt das Zufallsprinzip, der liebe Gott sitze im Himmel und würfle und bei jedem Sechser löse er eine Lawine aus. So zu denken, wäre pure Ignoranz der Schöpfung gegenüber. Es käme der Anmaßung gleich zu behaupten, dass jenseits unseres Wissens keine Ordnung im Kosmos existiere.
Uns fehlt eine Menge Wissen um die Zusammenhänge. Stellen wir uns die Schöpfung als etwas Vollendetes und in sich Schlüssiges vor. Stellen wir uns einfach vor, dass jede Lawine weiß, wann, wo und warum sie abgeht. Und geben wir uns noch etwas Mühe, wenigstens Teile dieses vollendeten Systems zu begreifen.

Anhang

Telefon und Internet

Lawinenlagebericht Telefon

Bayern	++ 49 89 92 14 12 10
Salzburg	++ 43 6 62 15 88
Tirol	++ 43 5 12 15 88
Vorarlberg	++ 43 55 22 15 88
Schweiz	++ 41 11 87

Lawinenlagebericht Faxabruf

Bayern	++ 49 89 92 14 11 30
Salzburg	++ 43 6 62 80 42 30 33
Tirol	++ 43 5 12 58 18 39 81
Schweiz	++ 41 9 00 59 20 21

Lawinenlagebericht Internet

www.lawinen.org
Bietet für den gesamten Alpenraum Links zu den regionalen Lawinenlageberichten.

Wetterbericht Telefon

Alpenvereinswetterbericht (gesamter Alpenraum)	++ 89 29 50 70
Schweiz	++ 41 11 62
Persönliche Beratung (Mo.–Sa. 13–18 Uhr)	++ 43 512 29 16 00
Bayerische Alpen (nur aus Deutschland erreichbar)	01 90 11 60 19
Ostalpen (nur aus Deutschland erreichbar)	01 90 11 60 18
Schweizer Alpen (nur aus Deutschland erreichbar)	01 90 11 60 17
Gardaseeberge (nur aus Deutschland erreichbar)	01 90 11 60 16

Wetterbericht Internet

www.alpenverein.at/wetter
Bietet Satellitenbild, Wetterkarte und Wetterbericht sowie Links für Bergsteiger und Kletterer.

Register

Literatur

CONWAY, H. UND J. ABRAHAMSON: Snow Stability Index. Journal of Glaciology, Vol. 30, No. 106, 1984

ENGLER, M.: DAV-Foliensatz Lawinenkunde. Deutscher Alpenverein, München, 1999

GEYER, P. UND W. POHL: Alpin-Lehrplan Band 4, Skibergsteigen, Variantenfahren. BLV, München, 1998

GUBLER, H. UND B. SALM: Bildung von Schneebrettlawinen. DAV/OeAV: Internationales Symposium Skibergsteigen. Alpinzentrum Rudolfshütte, 1992

JAMIESON, BRUCE: Snow Slab Layers and Stability: A summary of some recent research with applications. Avalanche News 41, 1993

MUNTER, W.: 3x3 Lawinen. Garmisch, 1997

NARITA, H.: Snow behaviour and structure under tensile stress. Journal of Glaciology, Vol. 26, No. 94, 1980

SALM, B.: Lawinenkunde für den Praktiker. Brugg, 1982

SCHWEIZER, J.: Schneebrettauslösung durch Skifahrer. Die Alpen, Zeitschrift des Schweizer Alpen-Clubs, Nr. 1/1998

SCHWEIZER, J. UND M. LÜTSCHG: Human triggered avalanches: Characteristics from the Swiss Alps 1987/88 to 1996/97. SLF, Interner Bericht Nr. 734, 1999

SCHWEIZER, J.: Was ist eine Skifahrerlawine. Die Alpen, Zeitschrift des Schweizer Alpen-Clubs, Nr. 1/2000

STREICHER, B.: Brief an den Autor, 02. 04. 2000

VALENTIN, G.: Lawinenereignis im Aufstieg zum Piz Surgonda. SLF, 1998

ZENKE, B.: Tätigkeitsbericht 1999/2000. Bayerisches Landesamt für Wasserwirtschaft. München, 2000

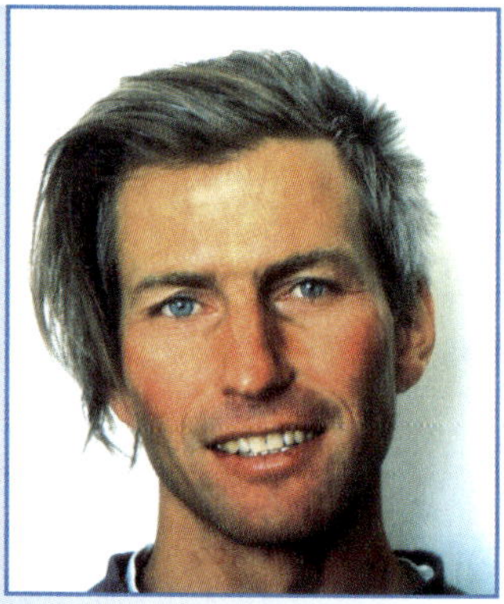

Der Autor

Solange ich es mir leisten kann, werde ich Dinge tun, die mir Spaß machen (ich über mich). Bislang waren dies:

Ausbildung zum staatlich geprüften Berg- und Skiführer und Geologiestudium an der LMU-München. Beide haben zwar oft, aber nicht immer Spaß gemacht.

Aufbau und Leitung der Rotpunktschule. Die Schule ist auf Klettern, Reisen, Eisklettern und Telemark spezialisiert (www.rotpunktschule.de, Tel. ++ 49 89 6 97 13 80, Fax ++ 49 89 6 91 20 94).

Kurse im Rahmen der Rotpunktschule und Lehrteamarbeit (VDBS-Lehrteam, DAV-Alpinlehrteam, Bundeslehrteam Sportklettern).

Koordination des Bundeslehrteams Sportklettern. Das Team ist für die Trainerausbildung des Deutschen Alpenvereins zuständig.

Erstbegehungen alpiner Kletter- und Sportkletterrouten. Unter anderen: Shake Hands (VIII-, Hochblassen), Schlichtweg (VIII, Fleischbank), Troja (IX+, Fleischbank), Zeichensprache (IX+/X-, Fleischbank), DomCat (IX, Oberreintaldom).

Publikationen zum Thema Klettern, z. B.: Sportklettern – Technik, Taktik, Sicherung (Panico), Alpin-Lehrplan Band 2 – Felsklettern, Sportklettern (BLV).

Diskussion meiner Gedanken zur Lawinenkunde mit dem DAV-Alpinlehrteam und dem Schweizer Ausbildungskader.

Erfindung, Entwicklung und Vertrieb des modularen MICS-Kletterwandsystems. Beendet – hat gegen Ende keinen Spaß mehr gemacht.

Durchführung von individuellem Klettertraining, Kletter- und Skitourenführungen (michael@rotpunktschule.de).
Macht nach wie vor riesig Spaß.

Dank

Ohne die Unterstützung einer ganzen Reihe von Freunden, Kollegen und Fachleuten wäre dieses Buch nicht in der vorliegenden Form erschienen. Im Einzelnen bedanke ich mich bei:

Werner Munter dafür, dass er mit seinen Methoden und Thesen Schwung in eine seit 15 Jahren dahindümpelnde Lawinenkunde gebracht hat. Ohne seine Publikationen hätte ich wahrscheinlich gar nicht angefangen, meine eigenen Gedanken zu Papier zu bringen.

Martin Engler dafür, dass er durch seine Praxisbeobachtungen und Selbsttests schon vor längerer Zeit zu ähnlichen Schlussfolgerungen wie den hier publizierten gelangt ist und insofern meine Gedanken mit Beispielen belegen konnte. Und für die Entwicklung des Faktorencheck-Konzeptes.

Matthias Huber für viele konstruktive Dialoge und Ideen, besonders die Weiterentwicklung des Pendeltricks.

Hajo Netzer, Dr. Peter Grausenburger und Mag. Gerald Valentin für ihre Bereitschaft, den Surgonda-Unfall als Beispiel publizieren zu lassen.

Dr. Bernhard Zenke von der Lawinenwarnzentrale München für Fotos und den Bericht zum Schneebrett am Schneefernerkopf.

Jürg Schweizer vom SLF Davos für die vielen von ihm durchgeführten und publizierten Untersuchungen. Des weiteren dafür, dass er mich unermüdlich mit Informationen, Quellenliteratur und Bildmaterial unterstützt hat.

Bernhard Streicher für die vielen konkreten Anmerkungen zum Text und einige wichtige Gedanken im Zusammenhang mit dem Entscheidungskonzept.

Rainer Bolesch und Barbara Hörmann für ihre kooperative Lektorentätigkeit.

Karin Steinbach und dem BLV Verlag dafür, dass sie dieses Buch verlegt haben.

Die Deutsche Bibliothek –
CIP-Einheitsaufnahme

Ein Titeldatensatz für diese Publikation ist bei Der Deutschen Bibliothek erhältlich

Bildnachweis

Peter Grausenburger: S. 8, 9
Lawinenwarnzentrale: S. 10, 11, 38
Heidi Schmidinger: S. 110
Jürg Schweizer/SLF: S. 1, 13, 33, 66

Alle weiteren Aufnahmen stammen von Michael Hoffmann.

Zeichnungen: Henriette Rintelen, Velbert

Umschlagfotos:
Michael Hoffmann (großes Bild), Sportimage/ Ch. Haase, Michael Hoffmann (Einklinker vorne, von links nach rechts), Michael Hoffmann, Bernd Ritschel (Einklinker hinten, von oben nach unten)

Umschlaggestaltung:
Werbeagentur Joko Sander, München

Lektorat: Barbara Hörmann

Konzeption: Parzhuber & Partner, München

Layout: Walter Werbegrafik, Gundelfingen

Satz: DTP-Design Walter, Gundelfingen

Herstellung: Manfred Sinicki

BLV Verlagsgesellschaft mbH
München Wien Zürich
80797 München

Zweite, durchgesehene Auflage

Gesamtherstellung: Neue Stalling, Oldenburg

Gedruckt auf chlorfrei gebleichtem Papier

Printed in Germany · ISBN 3-405-15974-1

Mit Sicherheit mehr Spaß am Sport

Michael Sachweh
Bergwetter für Sport und Freizeit
Alles über Wetter und Klima der Gebirgsregionen – Schwerpunkt Alpenraum – speziell für Wanderer, Bergsteiger, Kletterer, Mountainbiker, Skifahrer und Snowboarder, Segel- und Drachenflieger, Paraglider, Ballonfahrer, Segler und Surfer.

Pit Schubert / Pepi Stückl
Alpin-Lehrplan Band 5: Sicherheit am Berg
Für Wanderer, Bergsteiger, Kletterer und Skibergsteiger aller Könnensstufen: die Ausrüstung und ihre Anwendung mit allen technischen Neuerungen und Verbesserungen, Sicherung und Sicherheit – Theorie und Praxis.

blv coach
Jürgen Kemmler
Carven: Buckelpiste · Tiefschnee
Richtiges Verhalten im Gelände, Technik: Ausgleichsschwingen in der Buckelpiste, Schwingen bei geringem und hohem Schneewiderstand im Tiefschnee.

Deutscher Verband für das Skilehrwesen e.V. (Hrsg.)
Ski-Lehrplan Band 1
Das einzige offizielle, völlig neu erarbeitete Lehrplanwerk – unter Berücksichtigung der speziellen Entwicklung von Technik und Methodik des alpinen Skilaufs, der heutigen Unterrichtssituation und der modernsten skitechnischen Erkenntnisse.

Peter Geyer / Wolfgang Pohl
Alpin-Lehrplan Band 4: Skibergsteigen – Variantenfahren
Grundlagen und Techniken des Skibergsteigens und ihre Umsetzung auf Skitouren, Skihochtouren, beim Variantenfahren und bei Skitouren mit dem Snowboard: Bewegungstechnik und Taktik, Sicherungstechnik, Theorie, Naturschutz.

blv coach
Christof Weiß
Snowboarden: Freestyle Basics
Kompaktwissen für Freestyle-Einsteiger: einfache Tricks auf der Piste, Basic-Sprünge über Ramps, Grundfahrtechnik in der Halfpipe, Sicherheit.

Im BLV Verlag finden Sie Bücher zu den Themen: Garten und Zimmerpflanzen • Natur • Heimtiere • Jagd und Angeln • Pferde und Reiten • Sport und Fitness • Wandern und Alpinismus • Essen und Trinken

blv

Ausführliche Informationen erhalten Sie bei:

BLV Verlagsgesellschaft mbH • Postfach 40 03 20 • 80703 München
Tel. 089 / 12705-0 • Fax 089 / 12705-543 • http://www.blv.de